高校体育教学与训练研究

方静　谢迎霞　王亚婕◎著

吉林人民出版社

图书在版编目（CIP）数据

高校体育教学与训练研究 / 方静，谢迎霞，王亚婕
著 . -- 长春 : 吉林人民出版社，2024. 11. -- ISBN
-978-7-206-21684-8

Ⅰ . G807.4

中国国家版本馆 CIP 数据核字第 2024400WR5 号

责任编辑：王　斌
封面设计：王　洋

高校体育教学与训练研究
GAOXIAO TIYU JIAOXUE YU XUNLIAN YANJIU

著　　者：方　静　谢迎霞　王亚婕
出版发行：吉林人民出版社（长春市人民大街 7548 号　邮政编码：130022）
咨询电话：0431-82955711
印　　刷：三河市金泰源印务有限公司
开　　本：787mm×1092mm　　　1/16
印　　张：10.5　　　　　　字　　数：200 千字
标准书号：ISBN 978-7-206-21684-8
版　　次：2024 年 11 月第 1 版　　印　　次：2024 年 11 月第 1 次印刷
定　　价：68.00 元

前　言

随着我国经济实力的稳步增强，科技、文化、体育等多个领域正迎来飞速发展。尤其在体育领域，我国已奠定体育大国基础，并正向体育强国之目标稳步前行。在当前有利的经济环境下，社会文化事业蓬勃发展，但同时也面临诸多挑战。为应对这些挑战，企业界积极寻求产业升级与转型，事业单位也加速推进改革进程。在这一过程中，各行各业均取得了显著成果。

在当前环境下，要想在体育领域取得更卓越的成就，就必须勇于面对规则和标准的变革，并积极推动改革与创新。体育领域的运行机制需兼顾社会主义市场经济的发展大势，同时保持体育事业的核心特质。因此，改革应以运动项目自身发展为根基，以社会结构优化为指引，逐步调整和完善全国统一的体育管理体系。尽管我国通过"举国体制"培养了众多体育竞技人才，但随着市场经济深化发展，这一模式已逐渐暴露出与新时代体育人才培养需求的矛盾。

体育作为教育的重要组成部分，不仅塑造健康体魄，培养坚韧意志和优良个性品质，还对个人全面发展具有重要意义。无论是运动员提升竞技水平、争取佳绩的专业训练，还是学生增强体质、享受体育乐趣的体育活动，都彰显了体育价值。体教融合理念被视为推动体育事业持续健康发展的有效途径，在高等教育和高水平运动员培养方面具有显著优势。在竞争激烈的现代社会，对个体身体素质要求更高，高校必须更加重视体育课程和运动训练发展，确保学生在增长知识的同时，身体素质也得到全面提升。这一理念的实践不仅有助于个体全面发展，也有利于国家体育事业的繁荣。

高校应当依据自身条件，创新体育项目，改革传统课程，有针对性地开设训练科目，并制订符合本校特色的教学计划。在实践中不断探索和优化，形成一套既符合实际又富有成效的体育课程体系。为此，建议高校管理层更新观念，加大对体育课程改革的投入和支持力度，高度重视体育教学。在日常教学中，体育教师应设计多样化的教学情境，理论与实践相结合，全面提升学生综合能力，充分发挥个人专长。此外，高校间应加强交流协作，共享优质资源，充分利用场地和自然环境，开展地方特色体育活动，丰富教学内容，打造独特校园体育文化。

　　本书受时间和水平限制，可能存在不足，恳请读者批评指正，提出宝贵意见和建议，共同推进高校体育教育发展与完善。

目　录

第一章　高校体育教学概述

第一节　高校体育教学的特性与要点

高校体育课程以大学生的身体锻炼为核心，通过系统化的体育教学和科学的训练方法，提升学生的身体素质，保持健康，并增强体育修养。这门公共必修课不仅是学校课程体系的重要环节，也是高校体育工作的核心内容。高校体育教学将思想品德教育、文化科学教育、生活及体育技能教育与身体活动紧密结合，旨在促进学生的身心健康与和谐发展。作为实施素质教育和培养德智体美劳全面发展的高素质人才的重要途径，高校体育教学具有重要意义。

一、高校体育教学的属性

在体育教学中，身体训练虽非知识或技能本身，却是一个重要过程。因此，用"运动技术"描述体育教学互动更为贴切。运动技术涵盖具体动作技能，以及对技能的理解、应用与创新，这更能体现体育教学的深度和广度。

对于运动技术的理解，可以从操作技能的视角进行深入探讨。操作技能是一种经过学习而形成的活动模式，它遵循特定的规则，位于知识与技术之间。这种技能具有以下几个主要特征，这些特征也使其与其他类型的活动区别开来，被誉为"概念的特异性"：一是遵循规则，这使得操作技能与日常生活中无目的的随意动作有所区别；二是习得性，操作技能是通过后天的学习和训练所获得的，与人类天生的本能行为相对立；三是在活动模式方面，操作技能表现为一种具体的行动方式，与静态的知识体系有所区别，后者主要体现在理论和认知层面；四是目标导向，在进行活动时，技能具有明确的方向性和控制力，确保活动高效、准确地实现预定目标。

运动技术作为操作技能的一个重要分支，其形成过程大体可分为三个阶段：认知、联结和熟练。在认知阶段，关键在于理解并掌握动作的基本结构和相互关系，这一阶段与知识和技能的获取紧密相关。运动技术可被视为一种

1

"知识"，因为它揭示了事物间联系和属性信息组织。即使无人知晓，这些技术仍客观存在，作为人类文化遗产的宝贵财富，代表着运动领域的前人经验和智慧。

将运动技术直接等同于知识可能导致与学科内知识和技能概念的混淆，进而产生逻辑重复。为避免此类情况，可采用"运动本体"和"动作概念"这两个术语进行描述。据此，运动技术可理解为"运动操作知识"。如在田径、体操、游泳等运动项目中，通过学习相关运动技术，不仅能加深对运动项目的理解，还能有效促进运动技术的形成和发展。这种方式既凸显了运动技术的独特性，又明确了其在体育教学中的重要价值。

高校体育教学的核心在于传授运动操作知识，即运动技术，学生需通过掌握这些知识来形成相应的运动技能。虽然户外环境通常是高校体育教学的依托，但并非所有体育项目都适合在户外进行，如羽毛球等室内运动项目。因此，户外环境并非高校体育教学的本质特征。

作为高等教育的重要组成部分，高校体育教学的目标和重点随时代发展而变化。在社会经济发展的过程中，其内在性质也在不断演变。新时代背景下，国家提出了"健康中国"战略构想，强调健康生活方式的重要性，尤其关注青少年身心健康。因此，高校体育教学的本质也应相应调整，既要传授运动技术，也要注重心理健康教育。高校体育教学应紧扣新时代学校体育目标和"健康中国"要求，以促进学生身体健康、心理成熟为目标。教师应通过有效手段提升学生的身体素质、运动能力和心理韧性，帮助他们建立良好的社会适应能力。为实现这一目标，教师需积极开发多样化的体育项目，使课程内容设置和时间安排更加符合新时代需求，有步骤地激发学生体育兴趣，培养他们坚韧不拔精神、团队协作能力和集体荣誉意识，同时提升道德修养和意志力。

高校体育教学应为 2030 年前实现富强、民主、文明、和谐的社会主义现代化国家建设作出积极贡献。通过培养身心健康、具备综合素质的下一代，为"健康中国"愿景助力。

二、高校体育教学的特点

相较于普通文化课程，高校体育的教学方式和目标上拥有其独特之处。尽管同样注重师生互动，传授知识和技能，以及培养共产主义道德品质，体育教学的重点在于实践操作，通过身体活动实现学生身心健康，从而提升其综合能力。在体育课堂上，直接的互动和活跃的氛围更有助于培养学生的团队合作精神和社会交往能力。因此，高校体育教学在推动学生全面发展方面发挥着至关重要的作用。

（一）运动知识传承的实用性

体育运动知识，本质上是关于身体的学问，这也是体育与其他学科最为明显的区别。这种身体知识不仅独特地代表了人类知识体系的一部分，也体现了人类对自然界的认知从外部转向内部的过程，是对人类自身、人类本质及个体自我的一次深刻探索。

当前，教育领域越来越注重学生的主体地位，这种对人类自我认知的深化不仅突出了高校体育教学的独特性，更赋予了它传播知识的重任。因此，高校体育教学并非传统观念中的"低级"活动，而是身体知识传递的重要渠道。身体知识能帮助人们真实地回归自我感知，同时也是科学知识体系的一部分，只是过去人们未能充分认识到它的价值。展望未来，随着社会的发展，这类知识将得到更广泛的认可和重视，并在推动人类身心健康研究领域发挥重要作用。

（二）体育教学过程的直观性与形象化

体育教学过程以直观性和形象化见长。体育教师在讲解时，除了满足与其他学科教师相同的基本要求外，还需运用生动有趣、易于理解的语言，创新性地处理教学内容，使之简明易懂，便于学生更好地感知和理解。体育教师会采用多种直观教学方法，如动作示范、优秀学生示范、正误对比示范、人体模型展示、动作图解和教学辅助工具等，让学生通过视觉和感觉直观地掌握动作要领，形成清晰的运动印象。这些直观演示帮助学生将所见与思考相结合，有效掌握体育知识和技能。

在高校体育教学管理和组织中，直观形象性同样得到充分体现。由于学生的活动通常直接、外显且易于观察，体育教师的言行举止自然成为学生的榜样，对学生的身心发展产生潜移默化的影响。尤其在学生参与学习活动和体育锻炼的过程中，教师能真实地了解学生的表现，从而采取有效的教学策略，促进学生全面发展。

（三）体育内容的美感与情感体验

体育教学中的美学体验，直观地表现在教师与学生在运动过程中的身体美与运动美。运动不仅塑造出健美的体型，展示身体线条与比例的和谐，更在动态中呈现出人体的灵动与力量。此外，运动过程中的精神风貌亦令人瞩目。如学生在克服生理与心理挑战时展现的毅力、礼貌、谦让与谦逊等品质，皆为体育精神美的体现。这些美好瞬间丰富了体育教学内容，提升了其审美价值。各运动项目皆具有独特的审美特质与美学精神。球类运动不仅凸显个人运动才能，更强调团队协作、互助与支持；田径运动则展示学生的速度与耐力，传递不屈不挠的精神；乒乓球则体现了东方文化的精妙与灵活。这些运动项目既是前人经验的结晶，也是教师教导与学生学习的成果。通过这些活动，学生不仅获得身体健康，更在精神层面上得到发展。高校体育教学不仅是一种身心健康的促进手段，也是一种富有创造力的社会活动。教师与学生共同营造的教学场景，能激发学生创造力，同时在精神层面给予深刻启示，留下难忘记忆。体育教学不仅让学生学会运动技能，更能感受运动中的美与情感，实现全面发展。

（四）外部客观条件的限制性

相较于其他学科，高校体育教学的效果更易受到多种外部因素和实际条件的制约。例如，学生的性别、年龄、生理心理特征、身体状况及运动经历，以及体育场地、器材设备、天气状况等，都在不同程度上影响着体育教学的质量。因此，在进行体育教学时，教师需考虑更多变量，确保教学活动能满足不同学生的需求，同时实现预期的教学效果。

全面性是高校体育教学的重要原则。教师需根据学生的运动基础、性别、年龄、生理心理特点及体质状况，实施差异化教学策略。例如，男女学生在体能、身体形态、运动功能和素质等方面有显著差异，因此在教学内容、设计和组织上，应充分考虑性别差异。若忽视个体差异，盲目教学，则既难以实现增强体质目标，也可能增加安全风险。

此外，教学环境也面临诸多外部因素影响。由于室外环境复杂，如突发声响、道路噪音等，体育教学通常在室内进行，以减少干扰。室外开阔视野易使学生注意力分散，加之天气变化等不可控因素，对教学过程产生不利影响。体育教学对场地、器材和气候条件有严格要求。因此，在规划教学计划、安排课时、选择教材内容和教学方法时，教师需充分考虑这些因素，提升教学质量。同时，教师应巧妙利用自然条件，如高温和寒冷天气，增强学生环境适应能力，促进其全面发展。

（五）师生身体活动的高频互动性

在高校体育教学中，教师频繁地进行动作示范、指导和反馈，这是因为运动技能的学习离不开身体的实际操作和体验。要想精通这些技能，学生必须通过不断地练习和实践来深化理解和记忆。因此，体育课堂中师生之间的身体活动极为频繁，这是体育教学有别于其他学科的显著特征。相比之下，其他学科教学通常在室内进行，要求环境安静，以激发学生的思维，提高学习效果。然而，高校体育教学不仅要求学生进行剧烈的身体活动，还能唤起学生的情感体验。这些直观的外在表现，自然且真实，没有过多的文化修饰，直接展现了体育教学的本质和特点。在这种环境下，师生之间的互动和身体活动紧密相连，彰显了体育教学的独特魅力。

（六）学生身心的和谐统一性

体育，本质上是一种自我提升的自然过程，它不仅关注生理机能与身体结构的和谐，更强调身心的一致性。在高校体育教学中，教师不仅是传承体育文化，更是注重引导学生身心和谐发展，提升心理素质和社会适应能力。他们通过构建多样化的教学情境，为学生的心理成熟和社会技能提升提供良好的平台。

体育教学过程与辩证唯物主义的观点不谋而合，强调身心发展的和谐统一。身体发展为基础，支撑着心理的成熟；心理的成熟则反哺身体，挖掘其潜能。在高校体育教学中，身心合一的统一性主要体现在以下几个方面。

首先，高校体育教学应注重培养学生多元能力和素质，尤其关注心理和社会适应能力的提升，确保教学内容符合社会学和心理学的要求。

其次，体育教师在教学方法和组织形式上应遵循学生身心发展规律。通过合理安排动作练习与休息的交替，帮助学生实现健身目标。当练习与休息在一定范围内有序交替，学生的生理机能变化将呈波浪式曲线，有利于优化训练效果。

最后，体育课程设计需充分考虑学生的年龄特点和心理状态。学生在学习过程中的心理活动呈起伏不定的曲线，这种生理和心理负荷的波动规律，使得高校体育教学呈现出鲜明的节奏感和身心和谐统一。因此，教师在选择教学方法和组织形式时，必须充分考虑学生的心理特征。这样既能有效提升学生身体素质，又能激发他们的兴趣和积极性，充分发挥高校体育教学的功能。

第二节　高校体育教学的目标

一、体育教学目标及其关联概念

直至近期，体育教学领域才广泛引入"教学目标"这一概念，取代了原先的"体育教学目的"和"体育教学任务"。以中华人民共和国成立后的多次《体育教学大纲》为例，一直沿用的是"一个目的和三项任务"的表述。那么，我们现行的"体育教学目标"与传统的"体育教学目的"和"体育教学任务"之间有何关联呢？

在探讨这三者之间的关系前，要先了解它们各自的特性及区别与联系。简而言之，"体育教学目的"阐述的是体育教学活动期望达成的终极成果，描绘了教学活动的理想状态或长期追求的目标；"体育教学任务"则是实现教学目的的具体行动指南，包括一系列具体的、可操作的任务，是达成教学目的的步骤和手段；"体育教学目标"则侧重结果导向，既明确了预期成果，又强调了这些成果的可衡量性和可实现性。

（一）体育教学目标、体育教学目的与体育教学任务的内涵

体育教学的目的反映了设立体育学科和开展教学活动的初衷，它不仅是体育教学过程中的指导原则，也是对教学提出的总体和概括性要求，为体育教学的发展提供了指引。体育教学目标则是根据教学目的，在教学过程中设定的各阶段和最终期望达成的具体成果。

任务是指分配给个人的责任或工作，通常是由上级对下级提出的要求或指令，代表着"需要完成什么"。在体育教学中，任务是为了实现教学目的和目标，所需进行的具体工作和职责。

总的来说，体育教学目的明确了发展方向，教学目标设定了各阶段和最终的成果标准，而任务则是为实现这些目标必须实施的具体行动。这三者相互补充，共同确保体育教学的有效实施和取得预期效果。

（二）体育教学目标、体育教学目的与体育教学任务之间的关系

体育教学目标、目的和任务之间的关系可以理解为：首先，各个阶段的体育教学目标共同构建了整体的体育教学目标；其次，当整体体育教学目标实现时，体育教学目的也就得以达成；最后，体育教学任务明确了教师和学生在实现教学目的和目标过程中所需承担的实际责任和具体工作。

某人邀请朋友聚餐，初衷是增进彼此感情。为了使朋友感到愉快，他设定了总体目标，并制定了几个具体小目标，如确保交通便利、美食可口、气氛和谐、交谈愉快等。为实现这些目标，他需完成一系列任务，如预订交通工具、选择美食、营造就餐环境、策划谈话主题及邀请合适的人员等。通过这些实际行动，最终达到增进友谊的目的。

以篮球教学为例，可以充分体现体育教学目的、目标和任务之间的关系。假如篮球教学的主要目的是让学生掌握篮球技能，以此增强他们终身参与体育活动的能力，那么，篮球教学的总体目标就是让学生熟悉并掌握主要的篮球技术和相关知识。为了实现这一总体目标，教学过程中还设置了多个具体目标，包括：让学生掌握篮球的基本技术、学会战术的应用、了解比赛规则，以及培养对篮球比赛的欣赏能力。每堂篮球课的教学任务，则是逐步教授学生基础篮球技术，循序渐进地介绍战术的使用方法，分阶段讲解比赛规则，并引导学生学会如何理性地观看篮球比赛。

由此可见，体育教学目标在体育教学体系中扮演着承上启下的角色，它既是连接教学目的与教学任务的桥梁，也是一个具有明确指向性和具体量化标准的重要环节。体育教学目标不仅为教学活动设定了方向，还明确了预期达到的具体成果。正因为如此，体育教学目标成为教师规划教学活动、评估教学效果不可或

缺的依据，也是近年来体育教学改革中备受重视的核心内容之一。通过精准设定教学目标，教师能够更好地指导教学活动，确保学生在体育学习过程中获得全面发展。

二、高校体育教学目标的内容

（一）体育学科的多元化功能

事物的功能源于其自身的特点和属性，高校体育学科的功能同样如此，源于其独特性质和特点。从根本上说，高校体育学科能够发挥的作用，取决于其内在的本质和特点。

（二）体育学科的重要性：全面发展的不可或缺元素

体育学科因其丰富的功能和特性，具有多元化的价值取向。尽管高校体育学科的基本功能相对稳定，但在不同历史时期和国家背景下，这些功能的发挥程度各异，使得体育学科被赋予了多样的价值。有时，某些功能可能被忽视，从而影响了这部分价值的完全实现。

然而，在追求实现某一特定体育功能的过程中，人们并非只关注单一价值。实际上，大多数时候，人们会同时关注多种体育功能，只是在这些功能中，会对某一或某些给予更多的重视和强调。这种多元化的追求使得体育学科能在不同社会背景下，展现出其丰富的价值和功能。

（三）体育教学的宗旨

各个时代的体育教学都有其独特的目标体系，这些目标不仅凝聚了当时社会对体育价值的认知，还体现了人们对体育功能及重要性的认识。因此，无论体育教学采取何种形式，其教学目标通常都不是单一的。我们可通过观察体育教学首要目标的设定，来窥探该教育模式的价值取向。但值得注意的是，有时目标排序与价值取向并不完全一致。

（四）体育教学目标、体育学科作用与价值之间的关系

功能是事物的固有属性，是客观存在的，价值则是外界给予的主观评价，而目标则是基于功能和价值取向的行为指导。换句话说，一件事物即便具备某种功能，如果人们未能意识到，就不会将其功能实现设为目标；反之，即使人们再渴望某事物具备某种功能，但如果它本身并无此功能，努力也是徒劳。体育学科的核心功能稳定，但随着社会变迁和历史阶段的变化，人们对体育的价值观念也会转变，这直接影响了体育教学目标的设定。因此，体育教学的目标会随着社会发

展不断调整和演变。

三、制定合适的高校体育教学目标的重要性

合理制定高校体育教学目标的重要性主要体现在以下几个方面：

（一）利用体育学科教学实现多元教育目标

只有合理设定高校体育教学目标，才能确保体育教学功能的有效实现。如果目标过于宽泛或狭窄，将难以全面体现体育教学的核心价值，使目标背离体育教学的基本宗旨，从而降低其主要功能的发挥，最终影响教学质量。因此，精准设定目标对于充分发挥体育教学功能至关重要。

（二）确保实现体育教学目标的相关保障措施

合理制定体育教学目标，是确保教学活动方向性和有效性，进而实现体育教学目标的前提。例如，学生体质的提升反映出健身目标的实现；而在每堂课上，学生都能体验到身心愉悦，则表明运动参与的积极性得到了促进。体育教学目标的实现，实际上就是教学目的达成的标志。通过精确的目标设定，我们可以保证教学活动的方向和效果，从而更好地实现体育教学的初衷和终极目标。

（三）确保各级目标相互衔接，共同达成总体目标

体育教学目标的设定至关重要，如若阶段性目标存在偏差，将导致整体教学目标无法顺利实现。因此，精准制定各级教学目标，确保总目标得以圆满实现。通过适度调整各阶段目标，为最终实现总体教学目标奠定坚实基础。

（四）确定并实施体育教学目标

明确体育教学目标对教学任务的设计至关重要。一个优质的目标能够清晰地勾勒出教学任务的方向，使得教学活动具有针对性和有效性。体育教学目标就像是引领方向的"箭靶"，而教学任务则是瞄准这个目标的"箭矢"。只有当目标确立无误，教学任务才能精确地瞄准目标，确保教学活动的有效性和针对性。

（五）教师教学与学生学习的目标体现了人类期望与奋斗愿景

体育教学目标并非仅由教师和学生共同制定，但一个合理的体育教学目标无疑能充分体现教师的教学导向和学生的发展需求。科学合理的体育教学目标不仅可以为教师指引教学方向，还能激发学生的学习热情。

体育教学目标为高校教师明确了教学活动的预期成果，使他们对工作方向有了明确的认识。在追求这些目标的过程中，教师会受到激励，面临的挑战也将促使他们寻求解决问题的方法。因此，具体、实际且可行的教学目标能引导教师更

积极地投入工作。同时，随着学习目标的逐步实现，学生会感受到成就感，遇到的困难也会成为推动他们前进的动力。因此，明确、具体且可行的教学目标同样能激发学生的学习积极性，促使他们更加努力地学习。

四、设定高校体育教学目标的方法与策略

（一）体育竞技中的目标设定

1. 目标分类

在运动心理学中，有明确的目标分类，主要包括成绩目标、表现目标和过程目标。成绩目标着重于比赛结果，侧重于个体或团队之间的竞争；表现目标则关注个人或队伍在比赛中的实际表现，这种目标设定是基于自身能力，而非与他人直接对比；过程目标则聚焦于比赛过程中的具体行动和细节，鼓励运动员关注每一刻的表现，而非仅关注最终成绩。

2. 目标机制

目标对行为绩效的作用主要通过四个途径来实现：首先，它能够指引注意力和精力的分配，使人们更专注于与目标相关的行为，降低无关活动的干扰；其次，目标决定了个体愿意付出的努力程度，通常情况下，设定较高目标的人会比设定较低目标的人付出更多努力；再者，目标还能影响行为的持久性，即在面临困难时能够坚持的时间长度；最后，目标能够激发个体的潜能，推动任务所需知识和策略的学习与运用，从而间接提高行为绩效。

3. 目标设定原则

基于相关研究，一些专家总结出设定目标时应遵循的原则：

①目标需具体、明确，具备可测量性和可观测性；

②明确目标的时间框架，确保有明确的时间节点；

③设定适中难度的目标，既不过于简单也不过于复杂和困难；

④将目标书面化，定期评估进展，以保持动力和方向；

⑤结合过程目标、表现目标和成绩目标，构建综合性的目标体系；

⑥利用短期目标作为实现长期目标的阶梯，逐步推进；

⑦同时设立训练目标和竞赛目标，全面促进个人发展；

⑧确保目标得到运动员的认可和内化，提高其积极性；

⑨在设定目标时考虑个人性格特点和个体差异；

⑩兼顾个人与团队的整体目标，鼓励教练与运动员合作，共同参与目标制定过程。这种目标设定方法不仅有助于运动员明确个人发展方向，还能增强团队凝聚力，为实现共同目标奠定坚实基础。

在运动心理学领域，专家们用"SMART"这个首字母缩写来概括优质目标的主要特征。具体来说，一个理想的目标应该具有以下五个方面：明确具体（Specific）、量化可测（Measurable）、与任务相关（Achievable）、实际可行（Realistic）、时间限定（Time-bound）。这表明，一个好的目标有明确的定义，能够被准确衡量，与个人任务密切相关，同时在现实中有实现的可能，并设定明确的完成期限。这样一来，目标不仅更具实际性和操作性，还能有效激发个体积极向目标迈进。

（二）体育教学目标在不同阶段的设定与应用

在设定体育教学目标的过程中，教师若未先进行需求评估就与学生共同追求目标，这无疑是缺乏前瞻性的举动。正确的做法应该是：教师首先从全局视角审视班级情况，同时根据教学总体目标，单独评估每位学生的实际情况，以便发现需要改进的具体方面。通过全面的需求分析，教师能够确立班级整体目标，并以可观测的方式明确这些目标是否可实现及其实现的时间节点。

在体育教学目标实现的准备阶段，经过精心策划和有效实施，可以顺利进入目标实现阶段。这个阶段的核心是初次互动，此时，目标将得到深入探讨和明确。在这个过程中，教师起着关键作用，需要向学生明确解释成绩目标、表现目标和方法目标之间的区别，确保每个学生都能理解各自目标的意义和重要性。这样的沟通不仅能提高学生对目标的认识，还能激发他们的积极性，为后续目标的实现奠定坚实基础。

在体育教学中，我们应当将目标设置的评价贯穿于整个学习过程，而非仅限于学期末。为了确保目标设置的有效性，关键在于保持持续的监督、及时的反馈和定期的评估。如若缺失这些环节，即使目标设计得再精细，也可能难以实现预期效果。因此，教师需要在整个学期中不断追踪学生的进步，提供具体的指导和建议，并积极给予正面反馈。同时，根据学生的发展变化调整目标，确保每位学生都能在适合自己的道路上稳步前行。

第三节 高校体育教学的核心理念

一、高校体育教学基本理念的探讨

（一）体育教学优化与创新

关于课程的理解，不同领域的学者基于各自的教育理念给出了多样化的解释。在国外，"课程"这个词最早见于英国教育家斯宾塞的作品《什么知识最有价值》，该词源自拉丁文"curriculum"，原意是指"跑道"。随着教育理论研究的深化，课程的含义逐渐丰富，形成了多种解读和理论流派。

谈及"教学"概念，其历史可追溯至我国古代。早在商朝时期，甲骨文中就已经出现了"教"与"学"这两个字。然而，直到20世纪初，社会才开始重视教师在教学活动中的作用。中华人民共和国成立之后，随着苏联教育家凯洛夫的理论在我国的广泛传播，教学的内涵经历了新一轮的演变和发展。在这一过程中，教与学被视为同一教学过程中的两个不可分割的组成部分，二者相互依存、相辅相成。

（二）高校体育教学核心理念

高校体育课程的教学活动是一个系统化过程，通过教师与学生的互动，实现体育教学的目标和任务。这一过程的基础是体育教学的基本理论，这些理论揭示了体育教学的内在规律，助力体育教学从实践经验升华至理性科学层面。体育教学理论不仅客观反映了教学规律，还为教学实践活动提供了指导原则，确保教学活动贴合学生实际需求和体育教学的基本准则。

在体育教学实践中，无论是新入职的还是经验丰富的教师，都需要深入理解并有效应用体育教学理论。缺乏对教学理论的深刻理解，教师的教学质量可能会受到影响。新教师可能会因为不擅长根据理论规划教学，导致课堂教学显得随意、缺乏条理，从而降低教学效果。即使是资深教师，如果忽视理论的指导作用，过度依赖个人经验，也难以达到理想的教学效果。

因此，要提高教学质量，体育教师必须主动学习并运用科学的教学理论来指导教学设计。通过课前的细致规划，可以避免体育教学陷入经验主义的局限，确保教学过程高效运行，最终实现教学效果的最大化。

体育教学的基本理论与方法强调，教师在进行课程教学研究时，需将研究对象纳入一个系统性的框架进行综合考虑。这意味着教师要从系统的角度出发，全面分析系统内部各要素之间以及要素与整体之间的相互关系和互动作用。通过这种全面而精准的研究方法，教师能更有效地探寻和解决教学问题的最佳策略。这种方法不仅有助于深化对教学过程的理解，还能促进教学策略的科学制定，从而提高教学质量及效果。

二、高校体育教学的指导思想

体育课程紧密围绕新世纪人才素质要求，秉持"以学生为中心"的教育理念，将"健康第一"作为核心指导思想。在教学过程中，注重学生主体地位，鼓励他们积极参与、主动学习，展现出与时俱进的特点。课程设计兼顾教材内容的整体性与系统性，不仅注重知识和技能传授，还致力于培养学生的综合能力与创新思维。这一教学理念充分体现了体育教学在新时代背景下的独特价值和重要作用。

（一）体育教学应秉持以人为本、促进学生发展的教学理念

在体育教学过程中，我们应以激发学生学习兴趣和促进全面发展为核心目标。教师的角色从传统的传授者转变为引导者和支持者，激发学生积极主动的学习态度。我们应摒弃被动接受、死记硬背和机械重复的教学方式，鼓励学生主动参与、积极探索和实践，从而培养他们的体育技能，养成积极参与体育活动的习惯，并树立终身体育的观念。在此过程中，教师的主导作用主要体现在指导学生掌握体育知识、运动技能和动作技术上，确保学生的主体地位得到充分尊重。同时，教师还需着重培养学生自我发现问题、分析问题和解决问题的能力，以及加强社会适应性的训练。为了顺利完成教学任务并实现教学目标，教师应在教学过程中平衡传授知识技能与鼓励学生自主探索和实践的关系，兼顾社会需求与个人成长、学习兴趣与教学目标、接受性学习与创新性学习。通过这种教学方式，不仅能提高教学质量，还能帮助学生掌握更多实用的体育基础知识、运动技能和技术，为他们的全面发展奠定坚实基础。

（二）实现知识与技能、过程与方法、情感态度与价值观三个维度的有机结合

体育教学在继承和发扬传统体育教学的成功经验的同时，应转变以往过分追求竞技成绩的观念，克服单纯强调知识与技能传授的局限，致力于知识与技能、过程与方法、情感态度与价值观三个方面的深度融合。在教学过程中，体育知识与技能的教授不仅要贴近日常生活，还需根据社会需求和个人发展进行有意义、高效的传授。课程设计上，打破传统学科中心的束缚，剔除"繁、难、偏、旧"的内容，减少对竞技运动的过度关注，增加课程内容与学生生活、现代社会发展及科技进步的关联度，重视学生的兴趣和体验，精选适合终身学习的体育基础知识和运动技能。

新课程教学倡导学生积极参与、主动探索、勤于实践，旨在培养学生的自主学习和自我锻炼能力，以及获取新知、分析解决实际问题、交流协作等多方面的能力。在教学方法上，注重理论与实践的紧密结合，强调体育运动与健身技能的统一，强化体育锻炼与日常生活的融合，帮助学生掌握正确的学习方法，养成定期参加体育锻炼的习惯，最终形成终身体育的意识。通过这样的教学模式，不仅能提升学生的身体素质，还能促进其全面健康发展。

（三）跨学科理论综合应用于教学，促进学生身心健康全面发展

随着现代科学的快速发展，各领域间的交融整合日益凸显，新兴边缘学科应运而生。体育教学立足于体育科学、教育科学、人文科学等多元理论，紧扣学校体育教学的指导思想，教学目标、任务和内容，兼顾社会变迁和学生需求，旨在全面提升学生的身心健康水平和社会适应能力，有效增进学生体质。

在教学过程中，教师承担着引导学生学习、掌握和运用体育基本理论、技术和方法的重任，以推动学生身体素质和运动能力的全面进步，培养优良的运动技能。同时，教师应在体育教学中融入思想品德教育，不断提升学生的体育素养，激发学生的爱国情怀、集体主义精神，以及积极向上、勇于竞争的社会意识。为实现这些教学目标，教师需熟练运用体育科学、教育科学、人文科学等领域的理论和方法，确保学生身心健康发展，提升学生体质。

学生身心健康发展不仅包括生理机能、身体形态、心理素质和社会适应能力的全面提升，还强调各个方面的协调、可持续发展。因此，体育教学活动既涉及丰富的学科知识，又不仅仅是运动指导，而是建立在智育和德育理论与方法基础上的综合性身体教育。这一过程旨在促使学生全面、健康、和谐、持续地成长与发展。

三、高校体育教学的指导理念与任务

（一）高校体育教学的指导理念

《中共中央、国务院关于深化教育改革全面推进素质教育的决定》强调："健康的体魄是青少年为祖国和人民服务的前提，是中华民族旺盛生命力的象征。学校体育教育要贯彻'一切为了学生，健康第一'的可持续发展的理念，切实加强体育工作。"这一指导思想不仅为体育教学改革注入了新的活力，还提升了学校体育的价值，使教学目标更加清晰明确。

因此，在体育教学中，教师应将"健康第一"的理念贯穿始终，摒弃过去过于注重竞技成绩、追求"达标率"和"合格率"的功利性做法，解决教学目标与学生实际需求脱节的问题，更加直接地体现体育教学的本质。这样做不仅能让体育教学更好地适应21世纪社会政治、经济发展的需求，还能确保体育教学更加贴合促进学生身心健康、增强学生体质的目标，真正实现以学生为中心的教学理念。

体育教学的指导思想，作为体育教学实践的引领，是在教学成功经验与失败教训的不断提炼、优化和发展中形成的。通过现代教学理论与实践的深度融合，这一指导思想得到了不断验证和升华。在体育教学过程中，它以多种方式对学校

的体育教学目标、任务、内容、方法、组织形式及体育锻炼体系产生了深远影响，构成了体育教学理论的核心支柱。对于高校来说，体育教学的指导思想需与高等教育的发展方向保持一致。现如今，高校体育教学的指导思想应以体育知识和技能为基础，以提升学生体育能力为核心，以促进身心和谐发展为目标，并以终身体育为长远方向。其根本目的在于帮助学生树立终身参与体育活动的观念。这一指导思想不仅影响着教学内容的选择和教学方法的设计，还对教学活动的组织形式和体育锻炼体系的构建产生作用，确保体育教学与时俱进，促进学生全面发展。

1. 以体育知识与技能为基础

高校体育教学应以传授体育知识和技能为基础，将体育知识、技术、技能与科学锻炼的原则和方法有机结合。这种方式不仅能够大幅提升学生的体质和健康水平，更能帮助他们树立一生受益的体育观念。实践证实，学生对体育知识、技术、技能的掌握程度与他们体质的增强和体育兴趣的培养密切相关。体育知识掌握得越扎实，技术越熟练，学生的体育水平就越高，这既能够激发他们对体育的热爱，也能提高他们参与体育锻炼的积极性，进一步推动体质的增强和健康水平的提升。因此，在高校体育教学中，教师的首要职责是重视体育知识、技能的传授，为学生提供科学锻炼的理论和方法。通过这种方式，不仅可以帮助学生掌握必要的体育知识和技能，也能培养他们对体育的热爱，让他们在享受运动乐趣的同时，实现身体和心理的全面发展。

2. 以培养学生的体育能力为核心

所谓的体育能力，是指体育知识、技术、技能与智力的有机结合，具体表现在体育教学中则是培养学生自我完善身体的意识，形成终身体育锻炼的观念，掌握必要的活动技能及其应用能力。然而，从过去的实际情况来看，大多数大学生毕业后步入社会，却难以运用在校期间学到的体育知识、技术和技能进行有效的身体锻炼。究其根源，主要是因为长期以来，高校体育教学忽视了对学生体育能力的培养和发展。

鉴于此，我国高校的体育教学应当重视体育知识、技术和技能的传授，进一步培养学生的自我锻炼能力、自我设计和自我评估能力、组织比赛和担任裁判的能力，以及体育欣赏能力等。这样，学生毕业后无论处于何种生活或工作环境，都能自觉地进行体育锻炼，为实现终身体育的长远目标奠定坚实的基础。

3. 以身心和谐发展为核心

体育教学活动是学生身心共同参与的历程。在这个过程中，各种身体练习技术活动不仅提升学生的生理机能、运动素质、基本活动能力，同时也能锻炼心理品质。为实现学生身心和谐发展，高校体育教学需关注体育的生物学效应，即通过体育活动增强学生体质、提升生理机能，同时充分利用体育教学的心理、娱乐和审美效应。这种方式不仅提升学生体质和体育能力，更在德育、智育、体育和美育四个方面促进学生全面发展，培养适应现代社会和未来发展趋势的新型人才。这些人才将具备德、智、体、美全面发展，实现身心和谐统一。

4.以终身体育为导向

坚持以终身体育为导向，是我国高校体育教学的深远目标，也是教学核心理念。这一目标的设定，使得体育知识与技能的传授、体育能力的培养及身心协调的发展，不再只关注短期成效，或局限于大学阶段的学习效果，而是从培养学生终身锻炼的意识、习惯和能力出发，重构体育课程的教学策略。具体而言，我们需要正确理解和处理体育教学的短期（如一学期）、中期（如一学年或两学年）和长期（如整个大学阶段及毕业后）效益。以终身体育为长远目标，持续激发和培育学生的体育兴趣和能力，为他们未来的体育生活奠定坚实基础，使其终身受益。通过这样的教学理念和实践，我国高校体育教学不仅能提升学生的身体素质，更能培养具备终身体育意识和能力的全面发展人才。

（二）高校体育教学的主要任务

为了实现我国教育部设定的学校体育教学目标，体育教学任务主要围绕以下几个主要方面展开。

首先，全方位提升学生身心健康：通过教学，促使学生生理、心理及社会适应能力和谐发展，从而有效增强学生体质。

其次，传授体育基础知识和技能：让学生学习、掌握并运用体育基础理论、技术方法，全面提升身体素质和基础运动能力，助力学生形成良好的运动技能。

再者，培养学生的体育素养：激发学生积极参与体育活动，持之以恒地进行体育锻炼，掌握科学健身策略，养成良好的锻炼习惯，为终身体育奠定坚实基础。

最后，强化思想品德教育：在教学过程中，教师应注重培养学生的体育道德，提升学生的爱国主义、集体主义精神，以及积极进取和竞争意识，同时塑造学生勇敢顽强的意志品质。

通过以上任务的贯彻执行，既能提升学生的身体素质和体育技能，也有助于促进学生全面发展，为他们的健康成长和终身体育打下坚实基础。

四、高校体育教学的方法与实施过程

（一）高校体育教学的策略与方法

高校体育教学方法是指在实现共同教学目标和任务的过程中，教师和学生所采用的各种教学方式和手段。这些方法包括教师为实现教学目标所采用的教学模式、技术和策略，以及引导学生学习体育理论、运动技能和培养运动技能的具体方式。

在探索和发展高校体育教学方法的过程中，我们需遵循教育学、心理学和运动人体科学的基本原理，坚持教学理论与实践相结合，以及人体运动知识、技巧和技能形成规律。研究重点在于揭示学校体育教学的基本规律，特别是那些能促进学生健康、增强体质、掌握体育知识和运动技能的新课题。这些研究为体育教学实践提供指导，有助于提高教学质量。

宏观上讲，高校体育教学方法是教师和学生为实现共同教学任务和目标，使学生能掌握体育理论、技能及技术，养成良好运动习惯，进而增强体质所采用的教学模式、方式和手段的统称。微观上，体育教学方法是一个系统性结构，由多层次、具体的教学方法、技术、手段和形式构成。这个系统涵盖了宏观的教学模式与方法，具体的教学技术如示范、指导、反馈等，以及教学手段如教学视频、体育器材等，还包括教学形式如小组合作、个别辅导等。这些多元化的教学技术共同构建了一个完整的体育教学方法体系，旨在全面提升学生的体育素养和健康水平。

（二）体育教学的流程

在我国高校体育课程理念的指导下，强调教学过程是师生共同积极参与、互动交流的过程。教学不仅仅是教师教与学生学的简单统一，其核心在于师生间的互动与交流。教学过程被视为师生共同学习与发展的重要途径，旨在推动学生全面发展和教师自身发展。

在这个过程中，教师根据学校体育学科的教学目的、目标、任务、内容和要求，通过体育教学和课外体育锻炼等多种方式，有目的地将体育基础知识、健身方法、运动技能和练习手段系统地传授给学生。教师不仅在知识与技能的传授上给予学生支持，更注重培养他们运用所学知识和技能进行运动健身的能力，从而提升学生分析和解决问题的能力。同时，教师还重视对学生的思想道德和品质教育，确保学生在体育学习中实现全面发展。

体育教学过程的核心在于引导学生学习、掌握和运用体育知识、健身方法及运动技能，以此培养他们良好的运动技能和健身习惯，让他们在运动中找到乐趣。这个过程并不仅仅关注提升学生的身体素质和全面发挥其身体运动能力，更看重的是他们身心的健康发展。这不仅是学生学习体育运动知识和技能，构建感知、理解、掌握和应用的过程，也是帮助他们科学锻炼身体，养成良好健身习惯和终身体育意识的关键。

体育教学是推动学生身体素质和生理机能发展，尤其是骨骼、肌肉、心血管系统和呼吸系统等部位机能发展的重要途径，这是实施素质教育的重要环节。体育教学活动不仅能有效舒缓学生的脑力劳动，同时也是培养未来社会所需人才的重要方式。通过这些教学活动，学生在身体得到锻炼的同时，心理和社交能力也能得到全面发展，为培养全面高素质的人才打下坚实基础。

五、高校体育教学的内容与结构

教学内容是教师在教学过程中的核心材料和主要传授方式。高校体育教学内容的制定是以教学目标、指导思想、教学任务为基准，充分考虑学生的学习需求和教师的专业能力，遵循体育教学规律和原则，巧妙地整合教学资源，构建出既科学又合理，且能满足社会需求和学生发展的教学内容体系。

高校体育教学的内容旨在实现教学目标，涵盖了体育理论知识、健身方法以及运动技术技能等多方面的元素和信息。这不仅包括静态的教学资源，如教材、教具和体育理论知识，还包括动态的教学组织形式、教学方法和手段，如健身方法和运动技术技能的实际运用。这样全面而系统的教学内容设计，旨在确保学生能全面掌握体育知识，提升身体素质，培养运动技能，从而实现身心全面发展。

高校体育教学内容作为体育教学实践活动的载体，涵盖了体育教学的基本理论、健身方法、运动技术，以及思想品质教育等多方面的教学要素，蕴含着丰富的文化内涵。在教师的教导和学生的学习中，学生能够掌握体育教学的基本理论，学会健身方法，提高运动技能，从而养成良好的锻炼习惯和高尚的道德品质。从体育教学活动的实施过程和人的发展角度来看，教学内容本质上起着支撑和实现体育教学实践活动的作用。

高校体育教学内容具有两大特点：一是来源广泛，内容丰富多样；二是内容之间并无严格逻辑关系，而是在教材系统结构中各具独特的功能性。这些功能性内容的综合，赋予了实现多元教学目标的可能性。借助这些多样化的教学内容，教师能灵活设计教学活动，满足学生的个性化需求，推动其全面发展。

体育教学内容与竞技运动内容虽有相似之处，但在本质上却有所不同。体育教学的核心在于促进学生的身体健康发展和体能增强，其内容选取严格依据体育教学目标、理念、任务，以及学生的实际需求和教师的专业技能，遵循体育教学的基本规律和原则。体育教学旨在让学生掌握体育理论知识、健身技能和运动技术，培养良好的运动技能。相比之下，竞技运动则以参赛和赢得比赛为目标，专注于运动员对运动技术的精通和竞技水平的提升。

此外，体育教学内容的编排需要紧密结合学生的学习需求，进行适当的调整、组织和优化，确保教学内容符合教学目的。而竞技运动的内容则由一套固定的比赛规则和规程来规范，通常不允许随意更改。尽管体育教学内容属于教育范畴，但它在表现形式上与德育、智育等内容有着显著的区别，因为它不仅具备体育运动的特点，还融合了教育的特性。这使得体育教学内容在选择、加工和课程教材化的过程中面临更多挑战，过程更为复杂。

随着社会需求的不断变化，体育教学内容与其他教育领域一样，也在持续发展和演变。现代体育教学内容的基本框架是在学校体育及近现代体育运动的推动下逐步确立，并随着时间推移不断得到优化和完善。这一过程彰显了体育教学对社会发展的适应性和灵活性，确保体育教学紧跟时代步伐，满足新时代学生的需求。

六、高校体育教学评价

在体育教学改革中，评价体系的优化成为推动发展的重要手段，尤其需要充分体现学生间的个体差异。体育教学评价，作为基于教学目标的价值判断活动，既关注教学过程，也重视教学成果。它覆盖了教师表现、学生学习状态、教学内容、方法与技术、环境及管理等多个方面，以服务于教学决策。

核心评价重点在于学生的学习过程与成果以及教师的教学实践。为了确保公正、准确地评价，必须建立客观的标准，采用多元化的测评方法和数据收集手段，全面、科学地分析教学活动及其影响。这种评价机制不仅有助于提高教学质量，还能促进学生全面发展，确保每位学生在体育学习中都能获得适合自己的成长机会。

体育教学评价是在新课程改革背景下进行的，其核心在于推动学生身心健康的发展，秉持"健康第一"的原则。不仅关注学生身体健康水平的全面提升，也重视心理素质和社会适应能力的培养。特别注重培养学生的自主锻炼习惯和能力，为他们终身参与体育活动奠定基础。

体育教学评价制定了学生学习过程和最终成果的具体标准。通过全面深入地了解和评估教学的各个方面，评价旨在准确审视教学过程的质量和水平，包括教学活动的优点和不足。这种评价不仅能清晰地展示学生在实现教学目标上的进度，还能深入分析影响这些成果的主要因素。这为教师提供了宝贵的信息，使他们能在体育教学过程中不断优化教学策略、方法和技术，从而提升教学质量，确保每位学生在体育学习中都能获得最大的收益。

体育教学评价对教师教学和学生学习具有重大的激励和引导作用。它不仅揭示了教师对教学理念、目标、内容、方法及手段的理解深度和应用水平，还展示了教师自身的教育素养和专业技能。同时，评价结果也能反映学生的学习态度、动机、兴趣、方法及成果，有助于教师清晰地了解教学过程的状态和发展趋势，提高教学活动的效率，以实现最优的教学成果。借助评价结果，教师可以根据实际情况调整教学计划，修订和完善教学方案、模式、方法及工具，构建更具针对性和实效性的教学流程，从而有效推动教学目标的实现。这种基于评价反馈的不断改进机制不仅有助于教师的专业发展，还为学生提供了更好的学习体验，确保他们在体育学习中取得显著进步。

第四节　高校体育训练的基础理论

一、体育训练的基础

（一）高校体育训练的范畴与内容

高校体育训练不仅是提升学生体质和运动技能的有效途径，也是培养他们掌握科学训练方法和良好运动习惯的重要手段。这一综合性活动融入了生理学、心理学和社会学等多学科知识。在开展体育训练时，应遵循循序渐进、因材施教的原则，着重培养学生在生理和心理两方面的素质，助力他们形成坚定的意志、积极的生活态度和勇于挑战的精神风貌。这些品质和精神将为他们在社会中更好地适应竞争、积极参与建设奠定坚实基础。无论是普通学生还是专业运动员，设定符合个人实际的训练目标至关重要。目标应基于能力水平、心理特质和社会背景，避免盲目跟风或急功近利。学生参与体育训练的目的各异，有的为了比赛获胜或提升成绩，有的为了掌握运动技能，还有的仅为增强体质、保持健康。无论初衷如何，目标都应具体、明确、可操作和可衡量。无论是短期规划还是长远打算，均在训练前明确训练方案、步骤和实现目标的具体措施。而这些努力的最终成果，往往在关键时刻的比赛中得以展现。

（二）高校体育训练的目标与意义

系统化的训练计划和明确的目标，是提升体育教师工作效能和成果的关键。在设计训练计划时，应紧扣目标，充分考虑学生的个体差异和实际需求，打造涵盖全面身体发展、专项技能提升、技术与战术能力培养、心理调适、健康管理和伤病预防等多方面的个性化训练方案。同时，融入生理学、运动学、人体科学和运动心理学等相关理论知识，将高校体育训练打造成培养综合型人才的重要支柱学科，而非仅仅是文化课程和专业课程的辅助。高校体育训练不仅关乎学生的身体健康和技能提升，更涵盖心理素质、人格塑造和情感培养，是推动学生全面发展的重要环节。因此，高校教育体系应高度重视体育训练，尤其是体育教师，要充分发挥自身作用，根据学生的年龄特点、体能基础和个人天赋，采用科学化和个性化的训练方法，设定符合学生实际的训练目标。这样的努力不仅有助于学生在体育方面的发展，更能为他们的未来生活和职业发展奠定坚实基础。

1. 全面发展身体

高校体育训练的基本任务之一是全面提升青年学生的身体素质，包括耐力、力量、速度、柔韧性及协调性等多方面能力。通过科学的运动方式学习，不仅能够促进身体的健康发展，还能培养健全的人格，锻炼坚强的意志，培养积极向上的体育精神。然而，增强一般身体素质是实现上述所有目标的基础，也是高校体育训练的核心所在。只有拥有强健的体魄，青年学生才能更有效地投入到学习和生活中，为将来步入社会、应对各种挑战和竞争做好充分准备，进而有能力在各自的领域内发挥最大潜能。

2. 发展专项素质

专项身体素质训练的主要目标是提升运动员在特定运动项目中的相关身体和生理特性，如力量、技巧、耐力、速度和柔韧性等。这种训练的核心在于满足特定运动项目的要求，其设计必须紧密围绕专项运动的特点。然而，专项素质并非孤立存在，实际运动中，往往是多种素质的综合体现，如速度与力量的结合、力量与耐力的协同，或是速度与耐力的搭配。这些组合形式需依据具体运动项目的需求来确定，以确保运动员能够更有效地发挥其专项能力。

3. 发展技术能力

体育训练的核心目标是提升技术能力，这是体育项目取得成功的关键。我们知道，只有通过不断深化技术能力，才能进一步提升整体运动成绩。而技术能力的提升，又依赖于全面和专项身体素质的全面发展。因此，技术能力训练的最终目的就是优化技术动作，提升专项运动技能。这不仅是展示最佳竞技状态的前提，也是衡量专项运动水平的重要标准。在技术能力培养过程中，我们不仅要关注正常条件下的训练，还要在各种特殊条件下进行，比如不同的天气状况（有利或不利）、不同的环境（安静或干扰性强）等。这些多样化的训练环境有助于运动员适应各种比赛情况，增强应对突发情况的能力。无论是增加动作难度、加大训练负荷，还是引入外部干扰因素，所有训练措施都聚焦于一个核心目标——完善运动项目的技术细节，提高专项技能。因此，运动员不仅能在常规条件下表现优异，也能在复杂多变的环境中保持高水平的竞技状态。

4. 发展战术能力

发展战术能力是体育训练的重要环节，贯穿于整个训练过程。这项能力训练的主要目的是优化比赛策略，提升运动员的竞技水平。每次训练都包括战术分析和战术能力的培养，主要目标是根据运动员的技术特点和身体条件，制订出有效的比赛战术，以提高比赛胜率。因此，战术能力被视为一种动态的、能够灵活应对比赛变化的能力。通过系统化的战术训练，运动员不仅能更好地发挥自身技术和体能优势，还能在比赛中迅速适应对手的变化，作出最优决策，从而在竞技场上占据主动。

5. 发展心理素质

心理素质的提升是实现最优体能表现的重要因素之一。在高校体育训练中，培养青年学生形成健康心理成为重要目标，这一过程也被专家们誉为个性发展训练。尽管名称有所不同，但其核心目标一致：即提升学生的自制力、自信心、勇气和毅力等心理素质。这些品质对于运动员在比赛中的表现至关重要，能帮助他们充分发挥运动能力。通过有针对性的心理素质训练，学生不仅能克服比赛中的心理障碍，还能在高压环境下表现更佳，从而在体育竞技中取得优异成绩。

6. 保持身体健康

青年学生的整体健康是体育训练的基础，必须得到充分关注。我们不能为追求训练效果或提升运动成绩而忽视身体健康，这是本末倒置。要保持健康，定期体检和适度锻炼是有效手段。所谓的适度训练，就是根据个人能力，选择适合的运动项目、强度和频率，并在专业体育教师的指导下，进行长期且有规律的锻炼，以增强体质。同时，体育训练中还需注意运动保护，预防运动伤害。这样既能确保训练安全，又能提升学生健康水平。

二、体能训练的理论基础

（一）体能训练的基础概念

尽管国际上已对体能训练这一相对较新的研究领域进行了不少探索，取得了一些研究成果，但至今仍未形成统一的定义。我们可以大致将其归纳为三个主要方面：一是优化体能训练的方法和手段；二是探讨体能训练与人体健康、运动表现之间的关系；三是关注体能训练在各个领域的应用与效果。这些内容共同构成了体能训练的全方位研究体系，为提升运动员竞技水平和全民健康水平提供了重要理论支撑。体能训练是一种在运动生理学、人体科学和医学等理论指导下，旨在提高人体对训练和比赛负荷适应能力的训练过程。它主要包括以下几个方面：

其一，提升生理机能和代谢水平。通过专业的训练方法和手段，全面优化个体的生理机能和代谢水平，塑造良好的身体形态，发展运动素质和健康素质，从而改善运动表现。

其二，优化技术与战术水平。借助生物力学和专项理论知识，对运动员的技术和战术进行精细化训练，确保技术动作的准确性和战术应用的有效性。

其三，心理、营养和管理综合干预。基于心理学、营养学和管理学原理，采取预防或干预措施，确保运动员在身体和心理上都处于最佳竞技状态，实现动态平衡。

我国学者普遍认为，体能训练的核心在于运用科学方法和手段，全面提升运动员各器官系统的机能水平和身体形态，从而提高整体运动素质，掌握先进的运动技术和技能，为专项运动素质和技能的发展奠定坚实基础。对于高校体育训练而言，体能训练的目标是通过科学锻炼，改善学生身体形态，提升各器官、系统和组织的整体能力，满足专项运动需求，促进运动成绩提升。现代运动训练涵盖体能训练、技术训练、战术训练、心理训练和智能训练等多个方面，其中体能训练是所有训练的基础。无论何种运动项目，体能训练都是起点，需根据专项需求发展相应体能素质。此外，通过合理训练手段和方法建立的体能基础，不仅是提高运动成绩的关键，也是预防运动损伤和运动相关疾病的重要保障。

（二）体能训练的基本要求与原则

1. 先全面培养再重点突破

无论是哪种运动项目，运动员或青年学生都需要有足够的体能基础，包括力量、耐力、速度和柔韧性等。因此，在进行体能训练时，应遵循"全面发展，突出重点"的原则。这一原则强调了各项体能素质之间的相互影响，一项素质的提高可能会促进或限制其他素质的发展。所以，运动员或青年学生应首先全面发展体能素质，打下坚实基础，为后续的专项训练提供必要支持。全面发展体能素质不仅能提升整体运动表现，还能为专项训练奠定基础。在此基础上，根据不同运动项目的要求，进行有针对性的专项体能训练。这意味着体能训练需要明确的计划和目标，以确保训练的有效性。例如，若想在某项运动中取得佳绩，就必须通过专项体能训练来增强与该项运动密切相关的体能素质。运动员或青年学生所从事的运动项目决定了他们需要具备哪些特定的体能素质，因此，在训练过程中，既要全面提升身体运动能力，也要根据个人情况和专项需求，在不同阶段突出体能训练的重点。总的来说，体能训练既要全面，也要有针对性。通过科学合理的训练安排，运动员或青年学生不仅能全面提升体能素质，还能在专项运动中表现出色，最终实现运动成绩的大幅提升。

2. 以实战为训练目的

实战导向的体能训练，不仅关注提升青年学生的身体素质和健康，更重要的是培养他们的运动技能，增强技战术运用能力。因此，体能训练应紧密结合技战术需求，合理安排训练内容、强度、时间和频率，选用适宜的训练方法，确保体能与专项技战术发展紧密结合，从而提升竞技水平。体能训练的最终目标是提升比赛竞争力和成绩，这是专项体能训练的核心价值。为实现这一目标，训练手段的选择和运用至关重要，需确保体能训练内容和方法具备专项特点，尽量与专项技能和战术动作相匹配。如此一来，既能有效提升运动员的竞技能力，也能在实际比赛中发挥出更高水平，最终取得优异成绩。综上，体能训练不应仅关注身体素质提升，还要与专项技战术训练紧密结合。通过科学合理的训练手段，全面提高运动员的综合竞技能力，确保他们在比赛中发挥最佳水平。

3. 训练比例很重要

合理安排体能训练内容的比例，是实现训练效果的关键。体能训练应秉持整体观念，科学地配置一般体能训练与专项体能训练的比例，以达到最佳效果。这一科学依据在于，一般体能训练是发展专项体能的基础，也是提升专项运动水平的关键。只有在一般体能充分发展的基础上，才能有效提升专项体能水平。例如，如果青年学生的基本力量和速度水平不足，他们将难以进行特定运动项目的训练，更别说提高运动成绩。鉴于每位青年学生的基础条件各异，因此体能训练的内容和比例需进行个性化调整。对于体质较弱的学生，训练内容应以提高一般体能为主，以此增强基础身体素质。而对于身体条件优越且具备运动天赋的学生，如果他们对某项运动充满热情并愿意投入更多时间和精力，那么训练内容应更多地偏向专项体能训练，以进一步提升专项运动能力。此外，体能训练计划应具备灵活性，根据学生的身体素质变化和训练目标的调整，动态地调整一般体能训练与专项体能训练的比例。特别是在学生进入高水平训练阶段时，应增加专项体能训练的比例，以最大限度地提升专项运动能力。通过这种个性化的、动态调整的训练方式，确保每位学生都能在体能训练中取得最大收益，从而在运动表现上实现显著进步。

4. 科学评价训练效果

对体能训练效果进行科学评估，对于训练者来说至关重要。这不仅能帮助他们实时了解自己的训练状况，掌握进步情况，还能明确与预期目标之间的差距，从而更准确地规划下一阶段的训练目标和计划。因此，在体能训练过程中，体育教师应不断对青年学生的身体运动能力进行系统性的测量和评估。这种评估方式需要保证科学性和客观性，通过量化分析和定性分析的结合，来判断体能训练是否达到了预期效果。如果评估结果显示未达到预期效果，教师需要进一步分析原因，可能是目标设定过高，训练方法不恰当，或是受到了其他不可控因素的影响。通过全面回顾训练计划和实施效果，找出体能训练中的薄弱环节和需要改进的地方，这些评价结果将作为制定下一阶段训练计划的重要依据，确保训练的科学性和针对性。通过科学和有效的测量手段，定期评估训练效果，不仅有助于训练者及时调整训练方向和方法，还能提升训练效果。最终，我们希望通过科学的方式来控制体能训练强度，确保每一位青年学生都能在训练中实现最大的进步和提升。

（三）体能训练的分类概述

1.力量素质

力量素质是指人的机体或机体的某一部分肌肉工作（收缩和舒张）时克服内外阻力的能力。力量素质是人体进行体育运动的基本素质之一，是获得运动技能和取得优异运动成绩的基础，同时也是其他身体素质发展的重要因素。在教学、训练及自我训练中，应注意科学地、系统地增强上下肢及躯干肌肉群的力量素质。

（1）最大力量

最大力量，即肌肉在一次性全力收缩时，神经肌肉系统所能产生的最大力量。在竞技体育中，这种力量主要体现在运动员对抗外部阻力的能力上。需要明确的是，个人的最大力量并非一成不变，而是随着训练和个人状态的改变而动态调整。为了提升力量素质，青少年运动员应不断挑战自我，突破极限，充分利用自身最大力量的潜力，确保训练效果显著。最大力量的提升对于投掷、举重、摔跤、体操和柔道等力量型运动至关重要，同时也能大幅提升运动员的整体竞争力。这些运动项目着重于通过增加肌肉质量和提高肌肉协调性来增强最大力量，以帮助运动员在比赛中取得佳绩。因此，青少年运动员需不断优化训练方法，挖掘最大力量潜能，实现竞技水平的提升。

（2）速度力量

速度力量在需要迅速爆发的运动项目中至关重要，如短跑和跳远等。这一能力体现了神经肌肉系统在极短时间内产生最大力量的能力。研究成果显示，当人体在150毫秒内完成力量输出时，主要依赖的是爆发力；若超过150毫秒，则更多依靠最大力量。速度力量主要通过速度和加速度来展示，在田径、举重、柔道、摔跤、短距离游泳、球类运动、体操、室内自行车赛和短道速滑等诸多竞技项目中，都是决定胜负的重要因素。速度力量的表现形式多种多样，包括爆发力、弹跳力和起动力等。

（3）力量耐力

力量耐力可以理解为身体抵抗疲劳、保持高水平表现的能力。在需要长时间持续用力的运动项目中，如铁人三项、中长跑、马拉松、皮划艇、公路自行车骑行和足球等，这种能力显得尤为重要。运动员在这些比赛中不仅需要良好的力量基础，还要能有效抵抗疲劳，保持稳定的竞技状态。力量耐力水平直接影响着运动员在比赛中的持久表现，是评估运动员综合能力的重要指标之一。

2.速度素质

速度素质是衡量人体迅速运动能力的重要指标，包括三个方面：反应速度、移动速度和动作速度。分别代表着快速反应、快速移动和快速进行动作的能力。

这一素质不仅体现了个人的灵活性、反应时间和肌肉收缩速率，更是这些综合能力的集中体现。在实际运动中，无论是快速奔跑、敏捷转向，还是及时应对突发情况，都离不开速度素质的支持。因此，它是评估运动员整体运动效能的重要因素之一。

（1）反应速度

反应速度是指人体对听觉、视觉、触觉等不同类型刺激的迅速响应能力。这一能力的高低主要由神经系统的敏感度决定。当身体接收到外部信号时，神经感受器捕获这些信息，并通过感觉神经元传递给神经中枢。随后，中枢神经系统发出指令，促使肌肉收缩，完成相应动作。这一过程的效率直接影响个体的反应速度。为了提高反应速度，训练中通常注重挖掘个人遗传潜力，通过反复练习技术动作优化神经肌肉协调性，同时加强集中注意力和特定情境下的反应式训练，全面提升运动员的快速反应能力。

（2）移动速度

移动速度，包括平均速度、瞬时速度、加速度、角速度、角加速度、初速度和末速度等多个方面，是运动项目中的重要指标。在具体的运动项目或某个动作环节中，反应速度、动作速度和移动速度三者密切关联。以短跑比赛为例，运动员的反应速度（从听到起跑信号到开始移动）、加速过程中的加速度、全程的平均速度，以及冲刺时的瞬时速度，都是影响比赛成绩的重要因素。这些速度指标既相互影响，又共同影响着运动员的整体速度素质。

（3）动作速度

动作速度是一个衡量单位时间内完成特定动作数量或频率的指标，它涉及整套动作的完成速度、单个动作的速度及动作的频率。在体育领域，整套动作速度关注的是完成一系列规定动作所需的时间，单个动作速度则关注的是某个具体动作的完成速度。而动作速率特指动作的重复频率，即单位时间内完成同一动作的次数。动作速度的优劣取决于多个因素，包括神经—肌肉系统的调节能力、肌肉收缩速度、相对力量、速度力量，以及技术动作的熟练度等。从物理学角度，动作速度可以进一步细分为平均速度、瞬时速度、加速度、角速度和角加速度等指标。以跳远项目为例，起跳时的速度通常被视为平均速度，而腾空时的初速度则是瞬时速度。虽然这两者概念不同，但在实际应用中常常是相对的。在不同运动项目中，动作速度的表现形式各异，但无论是动作速度、反应速度还是移动速度，它们之间都存在紧密的联系。要高效地完成运动任务，通常需要这三者协同工作。

3.耐力素质

耐力素质，包含有氧耐力和无氧耐力，主要衡量人在长时间保持一定强度或质量运动中的体能表现。它与力量和速度相结合，展现出力量耐力和速度耐力两种风貌。个体耐力素质越高，抗疲劳能力越强，能在一定负荷下持续工作的时间也越长。虽然耐力素质是所有运动的基础，但不同项目对其需求各异。因此，针对特定项目的耐力训练尤为重要。总的来说，提升耐力素质是提升运动成绩的关键，进行耐力训练时应根据项目特点，采用适当的训练方法和技术，以达到最佳训练效果。

（1）有氧耐力

有氧耐力是指在充足氧气供应下，人体长时间持续工作的能力。进行有氧耐力训练的目的，是提高身体输送氧气效率、促进新陈代谢，为后续提高运动强度奠定基础。马拉松、越野跑、长跑和长距离竞走等运动，都对有氧耐力有极高要求。这些项目不仅考验运动员的体力和耐力，还要求具备良好的心肺功能，以确保比赛过程中能高效利用氧气，保持稳定运动表现。

（2）无氧耐力

无氧耐力与有氧耐力相反，它是指在氧气供应不足的情况下，人体依然能够保持工作效率的能力。无氧耐力训练的主要目标是提高身体在缺氧状态下的工作适应性，即增强对氧债的承受能力。例如，体操、短距离游泳、篮球和短跑等运动项目，都对运动员的无氧耐力有很高的要求。这些运动通常强度大、持续时间短，运动员需要在短时间内释放大量能量，因此，无氧耐力成为这些项目中至关重要的一项素质。

（3）混合耐力

混合耐力，作为一种介于纯无氧耐力和纯有氧耐力之间的运动能力，其特点在于它能支持比无氧耐力更长的持续时间，但又不及有氧耐力。这种耐力类型在诸多对抗性项目中具有至关重要的地位，如拳击、摔跤、柔道、跆拳道等，以及中距离跑步项目如 400 米、400 米栏和 800 米等。

4. 柔韧素质

柔韧素质体现了人体肌肉的伸缩性、关节的活动幅度，以及肌腱和韧带等软组织的延展能力。关节的活动幅度受骨骼关节解剖结构的限制，这一特性主要由遗传因素决定，训练所能改善的空间相对有限。然而，肌肉、肌腱和韧带的延展能力通过科学训练可以明显提升，特别是在儿童和青少年阶段，5—12 岁是培养柔韧素质的黄金时期。在武术、竞技体操、艺术体操、跳水、花样游泳、散打、跆拳道等运动项目中，柔韧素质是运动员必备的条件。柔韧素质可分为一般柔韧和专项柔韧两类，多数运动项目都需要这两种柔韧素质的综合表现。提升柔韧素质不仅能扩大动作幅度，使动作更加流畅美观，还能有效降低运动损伤的风险。因此，良好的柔韧素质对人体健康和运动表现都具有重大意义。

（1）一般柔韧性

一般柔韧性是指为确保日常训练顺利开展，个体所需具备的基本柔韧素质。例如，在扩大步幅时，球类运动员需要充足的腿部柔韧性作为支撑；同样地，使用杠铃进行力量训练时，大腿后侧肌群的柔韧性也至关重要。这些基础柔韧性不仅有助于提升运动效能，还能降低运动过程中的受伤风险。

（2）专项柔韧性

专项柔韧性是指在特定运动项目中所需的特殊柔韧度，它是在一般柔韧性基础上进一步发展的。一般柔韧性为专项柔韧性的提升奠定了基础。不同运动项目对专项柔韧性的要求各异。例如，速滑和赛跑运动员需要具备高度灵活的髋关节、膝关节和踝关节；蝶泳运动员则应具备肩部和腰部的大范围活动能力；体操运动员几乎全身的关节，包括肩、髋、腰、腿等部位，都需要达到极大的活动范围。在进行柔韧性训练时，通常会将动作所需的运动幅度适当扩大，这种超出常规需求的柔韧性被称为柔韧性储备。它为运动员高水平地完成复杂动作提供了必要的条件。通过这种储备，运动员不仅能够更优雅、准确地做出技术动作，还能有效预防运动伤害。

5. 灵敏素质

灵敏素质体现了人在面临突发情况时，能够协同、迅速且准确地进行动作的能力。这种素质的水平主要体现在运动员对运动技巧的熟练掌握上，因为只有精通技巧，才能展现出灵敏素质。虽然灵敏素质没有一个统一的量化指标，但我们可以从以下几个方面评估其发展状况：意外情况下的快速应变能力、比赛中的全方位技术展示，以及在不同环境下精准、流畅地完成动作的能力。与其他身体素质一样，灵敏素质在不同运动项目和场景中的重要性和具体要求也有所差异。无论在团队运动还是个人项目中，良好的灵敏素质都是协调运用其他身体素质、提升技术动作质量、夺取优异成绩的重要因素。

6. 协调素质

协调素质是指人体在准确且有控制地完成运动方面的能力，这需要深感觉系统、前庭系统、小脑和锥体外系等多个功能系统的协同作用，特别是小脑在其中发挥着核心作用。当大脑皮质发出运动指令时，小脑能同步产生相应的动作调控。协调素质训练的目标是提升运动员在复杂环境下，能够快速、灵敏、协调地完成各种复杂动作的技能。这种素质体现了力量、速度、柔韧等运动素质的综合水平，主要表现在反应速度、启动速度及方向变换的速度上，能显著增强运动员的综合素质。协调素质不仅帮助运动员在多变的国际竞赛环境中有效运用技术和战术，还要求运动员的动作既要及时准确，又要美观协调。协调性越好，运动员在整合爆发力、平衡力和柔韧性等多方面能力的水平也就越高。因此，对于竞技运动员来说，协调素质是一项至关重要的体能指标。

7.平衡素质

平衡素质代表着人体通过力量、柔韧性和协调性等多元素质的协同作用，以保持身体平衡和稳定。在体育运动领域，平衡能力的重要性不言而喻，尤其是对专业运动员来说，它直接影响着力量训练和比赛中的动作质量。如果失去平衡，不仅无法进行高效的训练，还可能影响到技术动作的完成。平衡力因此被视为运动员基本功的关键，没有扎实的平衡力，力量和技术的发挥将大打折扣。因此，在我国高校体育训练中，平衡力的培养应当受到广泛关注。无论学生参与的是什么专项运动，体育教师都应注重包括平衡素质在内的全面体能训练。平衡力不仅是运动表现的核心要素，更是日常生活中不可或缺的能力。无论是在行走、跑步，还是其他日常活动中，良好的平衡力都能让人表现得更加稳健和安全。

三、超量恢复理论在运动训练中的应用与实践

超量恢复原则是体育训练的核心理念，它强调通过合理安排训练与恢复时间，可促使身体机能大幅提升。简而言之，每次训练后，身体会在恢复期间对所承受的压力产生适应性反应，不仅修复受损组织，还能进一步强化相关机能，以应对未来可能遭遇的类似挑战。抓住这一"超量恢复"阶段，并适时展开下一轮训练，可以有效巩固和放大前次训练的积极效果，从而实现体能水平的稳步提升。在实际训练中，准确判断超量恢复最佳时机是一项重要任务。研究发现，高强度训练中消耗的能量物质（如 ATP 和 CP）大约需要 2—3 分钟才能恢复至一定水平。然而，对于进行极限强度训练的运动员来说，若等待这些能量储备完全恢复再开始新一轮训练，反而可能错过最佳训练时机。实际上，当 ATP 和 CP 恢复至初始水平的一半时，便是启动下一轮训练的理想时刻。这样既能保持身体在一个较高的活跃状态，又能确保有充足的能量支持接下来的训练负荷，从而实现最佳训练效果。因此，科学掌握超量恢复时机对于提高训练效率至关重要。

第二章　高校体育教学课程设置

第一节　体育教学内容的深度解读

一、体育教学内容的含义与内涵

体育教学内容是教师教学和学生学习的实际素材，它源自教育者对体育和教育实践经验的总结与提炼，从众多的体育技能理论中精挑细选，以满足特定的教育需求。体育教学内容在教师与学生之间构建了沟通的桥梁，成为师生间信息交流的基础，确保知识的有效传播。同时，体育教学内容对教学方法和工具的选择具有决定性作用，不同内容需搭配相应的教学策略和手段，保证教学活动的有效性。

总之，体育教学内容不仅是连接教师与学生的核心纽带，也是实现教学目标和优化教学过程的关键要素。精心设计和选择教学内容，有助于推动学生体育知识的学习和技能提升。

二、体育教学内容的划分

（一）依据活动能力划分

体育教学内容可根据人体基本活动能力进行分类，这是一种常见的分类方法。这种分类模式的优点在于，教学内容不受限于特定运动项目，具有较高的灵活性和自由度。这样一来，教学内容可以更全面地覆盖各种运动技能，有助于学生全面发展。

（二）依据体质差异划分

在现代体育教学中，提升学生身体素质被视为核心目标之一。一种基于身体素质的体育教学内容分类方法，其优势在于明确分类和针对性发展。这种方法尽管在具体项目内容中可能涵盖多种身体素质的综合训练，但每个分类都能明确指

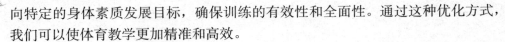

向特定的身体素质发展目标，确保训练的有效性和全面性。通过这种优化方式，我们可以使体育教学更加精准和高效。

（三）根据运动项目分类

根据运动项目对体育教学内容进行分类也是一种常用方法。这种方法以我国体育教学大纲中规定的运动项目及其具体内容为依据，对教学内容进行划分。相较于其他分类方式，这种方法具有较好的一致性，确保教学内容与国家教学标准保持一致。同时，它有利于实现体育教学活动的系统化和标准化。

（四）根据教学目标分类

根据预设的教学目标进行分类。这种分类方式使得教学目标更加明确，便于体育教师根据各项运动项目选择适宜的教学方法。通过融合项目进行教学，我们可以突破以竞赛为主导的内容编排体系，让学生更加系统地学习各类体育项目的知识和技能。这种分类方法不仅提升了教学的针对性和有效性，还能全面促进学生体育能力的发展。

（五）综合分类

在当代体育教学中，一种名为"综合分类"的方法日益受到重视。这种方法将体育教学内容划分为基本部分和选用部分，同时结合理论与实践、基础教学与提高身体素质的练习内容，实现了多维度的整合。它的目标是为学生提供更加全面和系统的教学体系，既包括基本技能的学习，也涵盖身体素质的全面提升。此外，这种方法还强调理论知识与实践操作的融合，为学生带来丰富多元的学习体验，使他们在体育锻炼中收获更多实效。

第二节　体育教学内容的设计与筛选

一、体育教学内容设计的理论与实践

（一）体育教学内容的编排模式

在高校体育教学内容的编排中，我们需要采取有效的策略以保证教学效果。主要的编排方式有螺旋式排列、直线式排列，以及混合型排列，后者是将前两者相结合。接下来，我们将重点介绍螺旋式排列和直线式排列这两种模式。

螺旋式排列作为一种编排模式，它在不同年级中多次呈现同一运动项目的相关教学内容，但每次都会适度提高教学要求。这种编排模式的目的是通过逐步深

化学习难度，帮助学生在原有基础上不断提高，实现技能的螺旋式上升。直线式排列与螺旋式排列不同的是，直线式排列在学习了某个运动项目或身体练习后，基本上不会在后续学习中重复相同的内容。这种编排模式强调一次性掌握知识点，避免重复，有利于学生迅速掌握新技能。

循环周期现象研究发现，高校体育教学内容的编排普遍存在循环周期现象。所谓循环周期，是指在同一教学内容中，不同学段、学年等范围内进行的重复安排。这些循环周期可以是课时、单元、学期或学年，甚至在某个学段内也存在循环。以跑步为例，若在一节体育课上安排了 100 米跑，下一节课再次安排，这就是以课时为周期的循环；而在一个学期内安排 100 米跑，下个学期再次安排，则是以学期为周期的循环。通过这种循环安排，学生能在不同时间段内多次练习同一内容，从而巩固技能，提高训练效果。

根据内容特性的不同，我国高校体育教学专家将体育教学内容的编排划分为以下四种类型：

"精学类"教学内容：这类内容采用螺旋式编排，强调在不同年级中反复出现，每次出现时教学要求逐步提高，助力学生深入理解和掌握技能。

"粗学类"教学内容：这类内容以直线式编排为主，初次学习后不再重复，注重一次性掌握，避免重复学习，助力学生迅速掌握新技能。

"介绍类"教学内容：此类内容采用单薄直线式编排，主要用于初步介绍某一运动项目或技能，通常仅在特定学段或学年中出现一次，目的在于让学生了解基本知识。

"锻炼类"教学内容：这类内容以单薄螺旋式编排为特点，虽在不同学段中重复出现，但每次内容相对简化，主要通过反复练习来提升学生身体素质。这四种编排模式既满足了我国新课程标准对体育教学内容的要求，又结合了体育教学理论及实际教学需求，将各类内容巧妙地融入教学中。在体育教学的发展与改革过程中，这些编排模式都具有很高的实用价值，有助于实现体育教学目标。

（二）体育教学内容的规划与设计方法

1. 简化教学方法，打造高效课堂

简化的教材化方法是指对高水平、正规的竞技运动项目在竞赛规则、技术、器材和场地等方面进行简化，使其更适应体育教学活动。这种方法在现代体育教学中，是将教学内容教材化的常用方式。通过简化，竞技项目变得更易教学和学习，有助于学生迅速掌握基本技能，提高教学成效。

2. 优化教学方法，将教材内容系统化、逻辑化

逻辑化的教材化方法是一种教学策略，它通过对各类运动项目中所包含的运动原理和知识进行深度挖掘，并将其有序地融入教学过程。这种方法特别适用于

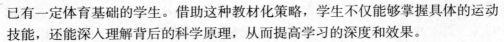

已有一定体育基础的学生。借助这种教材化策略，学生不仅能够掌握具体的运动技能，还能深入理解背后的科学原理，从而提高学习的深度和效果。

3. 将教学内容与日常生活紧密结合的实用方法

实用化、生活化、野外化和冒险运动化，这些都是教学方法的创新实践。实用化主张教学内容与实际技能的紧密结合，学以致用；生活化则倡导将教学内容与日常生活自然融合，让知识更加贴合实际。野外化着眼于将正规运动项目转化为野外非正规场地活动，让学生在自然环境中锻炼身心。冒险运动化则通过增添一定惊险元素，激发学生的好奇心和探索欲望。这些方法旨在将教学内容与现实生活及各类需求有机结合，既增强了教学的趣味性，又提升了学生的学习积极性。

二、选择体育教学内容的方法与策略

（一）确定体育教学内容的基本原则

1. 体育教学目标

在实现高校体育教学目标的过程中，体育教学内容并非目的，而是一种手段。由于体育教学目标具有多元性，体育运动项目和身体训练又具有可替代性，因此，教学内容的选择变得更加丰富多样。所以在选择高校体育教学内容时，必须依据一定的标准进行。

高校体育教学目标是选择教学内容的重要依据，因为它在课程编制的每个阶段都起到了引导和指向的作用。这些目标经过多方专家的深思熟虑和验证，全面合理地考虑了各方面的影响。因此，在确定体育教学内容时，必须充分考虑这些目标。相应的，每个高校体育教学目标都对应着具体的课程内容，以确保教学活动能有效达成预定的目标。

2. 学生需求与身心发展特点

在制定高校体育教学方案时，学生的需求成为重要的考量因素。体育教学的目标在于推动学生身心健康发展，因此，学生的体育需求和兴趣应是选择教学内容的主要依据。学生的积极参与是有效学习的必要条件，而这一条件的实现，取决于学生的热情和努力。一般来说，当学生对某项运动产生兴趣时，他们的参与积极性会大幅提升，学习效果也能显著提高。

学生的接受能力受到其身心发展规律和个性特点的影响，因此，体育教学内容应充分考虑学生的实际情况，保证他们能够理解和感兴趣。从这个角度出发，选择教学内容时应充分考虑学生的特点和需求，确保内容既符合学生的发展水平，又能激发他们的学习热情。在选择高校体育教学内容时，我们不能忽视学生的实际情况，必须根据学生的个性特点来确定教学内容的各个要素。

3.适应社会发展需求

学生的个人发展与社会进步息息相关，因此，在制定高校体育教学方案时，我们需要在为学生健康打下坚实基础的同时，兼顾社会现实需求。这就要求我们在选择教学内容时，既要满足学生个体需求，也要充分考虑社会实际需求，确保教学内容既能促进学生发展，又能紧跟社会发展趋势。如此一来，学生在体育学习过程中不仅能提高个人健康水平，还能更好地迎接未来社会挑战。

（二）选择体育教学内容的基本原则

1.教育性原则

在选择高校体育教学内容时，我们应坚持教育基本原则，筛选符合教育理念、有益于学生身心健康和锻炼的内容。具体来说，我们要审视这些内容是否有助于学生的全面发展，是否符合社会价值观，从而确保所选内容既有助于学生健康成长，又能培养他们适应社会的能力。这样才能真正实现教育目标，为学生提供有益的学习体验。

2.科学性原则

在选择高校体育教学内容时，我们应坚持科学性原则，这包括以下三个重要方面：

（1）注重学生身心和谐发展：所选教学内容应有益于学生身心健康和全面发展，确保体育教学能全面促进学生在身体和心理上的提升。

（2）提升科学锻炼意识：教学内容应帮助学生深入理解科学锻炼的原理和实践，提高他们在体育锻炼中的自觉性与积极性，使他们能更加科学地进行锻炼。

（3）确保内容科学性：教学内容本身需具备科学性，保证所传授的知识和技能基于最新研究成果和科学理论，能有效指导学生的体育学习和锻炼。遵循这些科学性原则，高校体育教学不仅能提升学生身体素质，还能培养他们科学锻炼的习惯和能力。

3.实效性原则

实效性是衡量体育教学内容的重要标准，它关乎内容的实用性、简便性，以及对学生身心健康的促进作用。我国政府在高校体育教学内容改革中明确提出，要摒弃"难、繁、偏、旧"以及过度侧重书本知识的教学模式。改革的目标是强化教学内容与学生生活、现代社会和科技发展的关联，激发学生的学习兴趣，并确保所传授的知识和技能有利于学生终身体育理念的养成。

具体而言，高校体育教学内容应具备以下特质：

（1）实用性与简便性：教学内容应易于实施，便于学生操作，确保学生能够轻松掌握。

（2）关注身心全面发展：内容应助力学生全面发展，既提升身体素质，也关注心理健康。

（3）紧密贴合生活与科技发展：教学内容应与学生的生活实际和现代社会的发展相适应，体现最新的科技成就。

（4）激发学习兴趣：通过多样化的教学内容，调动学生的学习热情和参与度。

（5）助力终身体育习惯的养成：所传授的知识和技能应具有长期价值，助力学生养成终身体育的习惯。通过这些改革举措，高校体育教学不仅能更好地满足学生的实际需求，还能为学生的全面发展和终身健康奠定坚实基础。

4. 趣味性原则

兴趣被誉为最好的老师，因此在制定高校体育教学方案时，我们应充分考虑学生的个性化特点，尽量选择他们感兴趣、富有乐趣，且在社会上备受瞩目的体育内容。这样一来，不仅能激发学生的学习积极性，提高他们的参与度，还能使得教学成果更加显著。具体来讲，教学内容应紧密贴合学生的兴趣点，选取那些既能吸引他们关注，又能在社会广泛流行的体育项目，以此激发他们的学习热情，推动他们在体育学习中实现主动参与和持续发展。

5. 融合民族特色与全球视野的原则

在选择高校体育课程内容时，我们应保留我国民族传统体育的宝贵元素，并借鉴和吸收国外优秀的课程设置。体育教学内容应与时俱进，彰显当代中国风貌。具体而言，既要传承和弘扬我国丰富的传统体育项目，如武术、太极拳等，又要积极引入国际先进的体育教学理念和方法，结合我国实际情况进行创新。这样一来，既能维护传统文化的延续性，又能确保教学内容的现代化和国际化，使学生在学习过程中既能体验民族文化的魅力，又能适应全球化的发展潮流。

第三章　　高校体育教学的实施策略与方法

第一节　体育教学方法的发展趋势与设计理念

虽然我国体育教学起步较晚，近代体育教学直至近年才逐渐进入公众视野，但其相应的教学方法也随之产生。然而，在很长一段时间里，我国高校对体育教学方法的关注不足，未能建立专门的研究体系。直至近期，随着体育教学重要性的日益凸显，体育教学方法才逐渐引起学者的广泛关注，成为研究领域的热点之一，并正式纳入系统的学术研究议程。

一、体育教学方法的当前发展状况

随着现代教育的持续升级，我国高校体育教学不断发展和完善，其教学方法也在不断创新。体育教学方法的改革，主要受到技术、技巧及科学技术和教育理念提升的驱动。随着这些领域的持续发展，体育教学的理念也在不断更新，从而推动了教学方法的优化和提升。至今，高校体育教学已取得了一系列显著的成果，主要表现在以下几个方面。

（一）计算机技术的发展推动高校体育教学方法的创新

随着计算机技术在现代社会的不断突破，其在体育教学领域的应用愈发广泛，推动了教学过程的规范化和高效化。例如，通过计算机播放系统化的体育动作讲解视频，教师能够根据学生的实际需求，灵活调整播放速度。针对学生难以掌握的动作细节，教师可以适度减缓播放速度，让学生更直观、清晰地观察和学习正确的示范动作，从而提升教学质量和学习成效。

（二）体育教学内容的优化推动高校体育教学方法的创新

体育教学方法的不断进步，不仅使其教学内容更加丰富多元，同时也受到教学内容优化的反哺，进一步推动教学方法的完善。随着科技进步，各式各样的新型运动应运而生，吸引了众多人的关注，使得体育教学内容因此变得更加丰富多

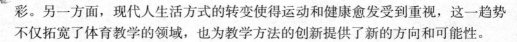

彩。另一方面，现代人生活方式的转变使得运动和健康愈发受到重视，这一趋势不仅拓宽了体育教学的领域，也为教学方法的创新提供了新的方向和可能性。

（三）体育教学理论的不断丰富推动高校体育教学方法的完善

随着体育教学的持续发展，教学理论也在不断演进。在过去几十年里，体育教学研究在学术界逐渐深入，推动了体育教学理论的不断创新与发展。这一过程不仅催生了多种更为有效的教学方法，还为体育教学实践提供了更为坚实的理论基础。然而，体育教学理论的发展并非一路坦途，其形成过程中暴露出不少需要改进的方面。早期理论框架的一个普遍问题是分析不够精确，即对不同类型的体育运动采用了较为统一的教学方法，未能充分考虑各项运动的特点。如今，随着研究的不断深化，体育教学理论已能针对不同运动项目的特点提出具体的指导方案。这不仅使理论体系更加完善，还使体育教学方法变得更加多样化和专业化，能够更好地满足不同运动项目的需求。这样的优化让体育教学理论更具针对性，为提高教学质量提供了有力支持。

（四）学生群体的变化推动高校体育教学方法的创新

信息时代的到来，使学生群体的生活方式和习惯发生了较大变化。如今，他们几乎无时无刻不处在信息包围之中，电子产品的普及改变了他们的作息时间和生活习惯。网络的快速发展不仅提高了学生对新事物的接受度，也增强了他们获取和处理新知识的能力。在这样的背景下，学生的思维方式更加活跃，分析解决问题的能力大幅提升。因此，传统的体育教学方法已显得有些不合时宜，难以满足当代学生的需求。面对这一挑战，体育教学方法必须做出相应的调整和创新，以适应学生群体的新特点，促进其全面发展。

二、体育教学方法的未来发展趋势

体育教学在中国正在不断发展和进步，虽然与其他学科相比仍有一定差距，但令人欣慰的是，国内学术界已经深刻认识到体育教学的重要价值。同时，社会各界对体育教学的关注程度也在不断提升，这有力地推动了体育教学方法的优化和创新。总体而言，体育教学方法的未来发展主要将体现在以下几个方面。

（一）现代化

在当下的信息化社会，科技的飞速发展推动了体育教学现代化步伐的加速。现代化体育教学方法的核心在于教学设备和技术的运用。例如，在健美操教学中，教师可以运用电脑播放音乐和视频，引导学生精准跟随节奏进行锻炼；而在休息时段，学生可以通过聆听音乐来放松身心。此外，教师还可以利用计算机技术记录并展示学生的表现，帮助他们明确自身优点和需改进之处。这些现代化技术的应用，使得体育教学更加生动有趣，同时也提升了教学效果，彰显了体育教学已步入全新发展阶段。

（二）心理学化

学习的过程并非仅限于知识的积累，它还伴随着一系列心理活动的变化。学生在掌握新知识时可能会感到满足，但也可能因学习进度缓慢而感到挫败。因此，心理学在学生的求知之旅中起着至关重要的作用。在体育教学中，教师应充分利用心理学原理来调整教学方法，密切关注学生在体育活动中的情绪波动和心理反应。这样既能提升教学效果，也有利于促进学生的心理健康和全面发展。

（三）个性化

个性化教学已经成为现代教育的核心趋势。每个学生都是独特的个体，具有独特的性格和需求。因此，教学过程中必须充分尊重和考虑学生的个性差异，坚持因材施教的原则。这一理念源自古代教育家孔子，至今仍被广泛认为是提升教学质量的关键。在体育教学领域，这一原则尤为重要，我们需要根据学生的个人特点选择最适合他们的教学方法。这意味着，无论是在不同地区、不同学校，还是不同年级、不同班级，甚至每一个学生，都应根据他们的自身特性来制定教学方案。目前，个性化教学模式正得到体育教育界的高度重视。我们坚信，通过实施更加个性化的教学方法，可以大幅提升体育教学的质量和效果，推动体育教学迈向更高层次。

三、体育教学方法的设计原则与理念

正确的理论指导能大幅提升教学方法设计的完善度。在体育教学中，准确设计教学方法的理念是完成教学任务的重要因素之一。在制定体育教学方法时，需明确其适用环境和条件，以及实施对象和范围。这样的做法不仅能全面提升体育教学质量，也能确保教学方法既实用又科学。借此设计思路，我们能够更好地满足不同学生的需求，达到体育教学效果的最大化。

（一）设计理念之一：信息的有效传递

语言在学科教学中发挥着至关重要的作用，它是一种有效的方式，用以传授体育知识和技能。

1. 讲解法

讲解法是教师在教学过程中，运用简洁明了、通俗易懂的语言，向学生传授体育运动相关知识和理论的方法。这不仅是教师常用的教学手段，也能在短时

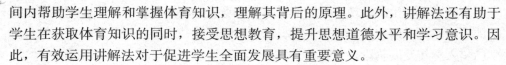

间内帮助学生理解和掌握体育知识，理解其背后的原理。此外，讲解法还有助于学生在获取体育知识的同时，接受思想教育，提升思想道德水平和学习意识。因此，有效运用讲解法对于促进学生全面发展具有重要意义。

2. 问答法

问答法是体育教学中的一个高效教学策略，它通过提出有针对性的问题，既能提升学生的注意力，也能促进其思维能力和语言能力的提高。在实际应用中，我们应注意以下几点：首先，提问的语言应简洁明了，避免冗长，确保学生能迅速抓住问题的核心；其次，在提问过程中，要给学生适当的思考和讨论时间，但不宜过长，以保持课堂的紧凑和高效；最后，将问答环节安排在教学的开始和结束阶段，既能为新知识的学习打下基础，也能强化已学内容的记忆，提升教学效果。问答法的合理运用能有效激发学生的学习兴趣，增强课堂互动，提升学生的综合能力。

3. 讨论法

讨论法是语言教学方法的重要环节，它在体育教学中发挥着重要作用。在体育教师的引导下，学生以班级或小组形式，针对特定的体育主题或问题进行深入探讨，表达个人观点和见解。相较于其他教学方法，讨论法具有无可比拟的优势：它能激活学生的创新思维，挖掘个人潜能，同时提高学生参与体育活动的热情和积极性；此外，讨论法还有助于培养学生的团队合作精神和集体主义观念。在实施讨论法时，教师需关注课堂秩序，适度调控讨论的自由度，确保讨论的实效性。讨论法能激发课堂活力，教师在讨论过程中应适时参与，对讨论内容和方向进行准确引导，以充分发挥讨论法的优势，并及时消除潜在的负面影响。通过这种方法，讨论法在体育教学中能达到最优教学效果，为学生的全面发展奠定基础。

（二）设计理念之二：直接感知与体验

在体育教学中，教师通过直观的技能演示和表达，让学生通过亲身实践来学习体育技能，这种教学方法称为直接感知。这种基于直接感知的教学方法因其鲜明的直观性，深受教师和学生的喜爱，使得学生能够更轻松地掌握所学内容。根据直接感知的教学方法的特点，我们可以将其划分为以下三种类型。

1. 动作示范法

动作示范法，顾名思义，是指教师以自身实践展示体育动作，引导学生通过观察学习技能的教学方法。这种方法让学生对动作要领、技术关键和注意事项有直观的认识，同时激发他们对体育的热爱，提高学习积极性。在运用此教学方法时，教师需注意以下几点：首先，明确教学目标，在进行动作示范前，教师应确定教学目标，确保示范内容与教学需求紧密结合，为学生提供准确指导；其次，确保动作准确，教师在示范过程中要严格执行教学规范，展示准确的动作，成为学生学习的典范；最后，追求动作的美感，示范动作不仅要求准确，还应展示出美感，优美的视觉效果能进一步激发学生兴趣，增强模仿欲望。遵循这些原则，动作示范法能有效提升教学质量，帮助学生深入理解和掌握体育技能。

2. 演示法

演示法也是一种常用的体育教学方法，教师通过展示教具或其他辅助材料，让学生直观地获取技术和知识。在当前教学实践中，这种方法应用广泛，是教师的首选策略。当教师无法亲自示范时，演示法可以借助教具等手段，使教学内容更贴近实际，实现教学目标。此外，这种方法让学习过程更具直观性和生动性，大大激发学生的学习兴趣和积极性，使他们更主动地掌握相关知识。在体育教学中，演示法同样具有重要地位。教师在运用演示法时，应注意几点：首先，要结合实际需要，教师应明确教学目的，紧密围绕实际教学内容进行演示，确保学生能够准确掌握体育运动的技术要领。其次，有效利用教具，随着现代科技的发展，教师可以运用多种教具辅助教学，如计算机、视频资料等。这些现代教具不仅丰富了教学手段，还能大幅提高学生的学习兴趣和参与度。通过以上措施，演示法在体育教学中不仅能帮助学生更好地理解和掌握体育知识与技能，还能激发他们的学习热情，提高体育教学效果。

3. 纠正错误动作与帮助法

在体育教学中，纠正错误动作与帮助法是教师常用的教学策略。为了更有效地运用这一方法，教师应注意以下几点：

首先，保持积极的态度至关重要。当教师发现学生出现错误时，应先肯定他们的努力和进步，然后再以鼓励和温和的语气指导学生纠正错误。避免使用批评或负面的语言，以免打击学生的积极性和自信心。教师应让学生认识到，犯错是学习过程中的正常现象，并鼓励他们积极学习相关知识，提升自己的专业技能。

其次，教师要聚焦主要错误。许多错误并非涉及所有动作，而是集中在几个主要环节。因此，教师应关注这些主要错误，一旦纠正这些主要错误，其他动作往往也会随之改善。

最后，有针对性地纠正错误。每个错误动作背后都有其特定原因。教师需仔细观察、分析，找出错误的根源，然后针对这些原因进行具体指导和纠正。这种有针对性的方法能更有效地帮助学生改正错误动作。通过以上方法，教师既可以帮助学生纠正错误，又能增强学生的自信心和学习动力，促进他们在体育技能上的不断进步。

（三）设计理念之三：身体练习与实践

以身体实践为核心理念的体育教学方法，其主要目标是通过身体锻炼和技能

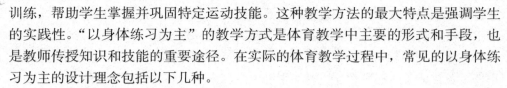

训练，帮助学生掌握并巩固特定运动技能。这种教学方法的最大特点是强调学生的实践性。"以身体练习为主"的教学方式是体育教学中主要的形式和手段，也是教师传授知识和技能的重要途径。在实际的体育教学过程中，常见的以身体练习为主的设计理念包括以下几种。

1. 分解练习法

分解练习法是将复杂动作拆分为若干简单部分，分别进行教学，从而降低体育技术难度，让学生更容易掌握相关技能。运用此方法时，关键在于科学合理地划分步骤，选择适当的时机进行分解，并保证各步骤之间的连贯性。以篮球教学为例，教师可以将整个过程分为传球、运球和投篮等基本步骤，逐步教授。这样，学生可以分步骤掌握技术要领，最后再将各个部分整合，形成完整技能。采用分解练习法不仅有助于学生更快地掌握复杂动作，还能增强他们的学习信心和兴趣，确保教学效果最大化。

2. 完整练习法

在体育教学中，完整练习法是指学生从初始阶段就开始整套动作的练习，这种方法尤其适合于如仰卧起坐、扎马步和跑步等简单体育项目。完整练习法的优势在于，它能够保持动作的完整性和连贯性，有助于学生在心中构建完整的动作概念。然而，教师在采用这种教学方法时，需要充分考虑学生的接受能力，确保他们能够适应这种教学模式。在实行完整练习法之前，教师应首先通过详细的语言描述和示范表演，让学生对即将学习的动作有初步的认识。此外，教师还应安排一些辅助练习，以帮助学生更好地掌握动作要领，保证教学效果。通过这些充分的准备工作，完整练习法能在体育教学中发挥出最大效能，助力学生高效地掌握体育技能。

3. 领会练习法

领会练习法是教师利用语言、图片、文字、视频等多种手段，帮助学生在正式练习前对某一运动有初步的认识。这种方法可以激发学生的学习热情，让他们在教学过程中更加主动积极。同时，提前了解运动项目，有助于学生更好地掌握相关知识和技能。

在实施领会练习法时，教师应从整体角度出发，引导学生逐步进行细化练习，最终回归到整体认识和综合训练。教师还需注重培养学生的战术意识，使之贯穿整个教学过程。以排球比赛教学为例，教师可以首先让学生观看一场配有现场解说的排球比赛录像，通过视频和文字介绍，让学生对比赛规则和战术安排有初步了解。接下来，教师可以指导学生进行具体技能练习，如传球、扣球等，并讲解这些技能在实际比赛中的应用。最后，通过模拟比赛等形式，帮助学生将所学知识和技能应用于实践，深化对排球运动的整体理解。

这种逐步深入的教学方式，不仅有助于学生更好地掌握运动技能，还能培养他们的战术意识，提高在实际比赛中的应用能力。

第二节　影响体育教学方法的因素

体育教学方法的研究始终是学术界的焦点。教学方法的选择和实施对体育教学的质量和效率起着决定性作用。高效的教学方法不仅能保证教学活动的顺利进行，还能大幅提升教学成效，是教学过程中的核心要素。然而，在选择和实施教学方法时，教师需要全面考虑多种影响因素。这些因素可以总结为以下七点：

一、教学目标与教学任务

在开展体育教学之前，教师须明确教学目标和任务。教学目标为体育教学设定起点，明确重点与难点，使教师在教学活动中有所依据，有的放矢。教学任务则是实现教学目标的基础与保障。教学方法作为连接教学目标与任务的桥梁，选择应遵循教学目标和教学任务的指引。因此，体育教师应根据实际教学情况，灵活运用有针对性的教学方法，以提升教学质量。

体育教学目标主要可分为认知目标、情感目标和技术动作目标三个部分，每个部分可根据具体情况进一步细化。鉴于体育教学受多种因素影响，学生身体素质和掌握程度各有差异，教师需依据实际情况调整教学方法。如教学目标以强化学生对某种运动理论知识的掌握为主，教师应侧重讲解，帮助学生掌握理论；若教学目标旨在提升学生某项运动技能，教师则应增加实践操作，确保学生通过实际锻炼实现教学目标。

总之，体育教师不仅需熟练掌握教学内容涉及的体育运动技术，还应精通相应教学方法。教师应对教学内容深入剖析，合理制订教学计划，选取最适合的教学方法，确保教学活动顺利进行和教学目标有效实现。

二、教学内容特点

教学内容是体育教学的核心参考，也是决定教学方法和服务对象的重要因素。由于各个课程和科目的内容差异，其教学任务和教学方法的需求也各有不同。因此，教学内容的特点成为选择和实施教学方法的主要依据。例如，在开展体操教学时，体育教师需根据体操对学生身体素质的需求、所需场地和器材及教学目标，选用适当的教学方法。

各类教学内容都有其专属的最优教学方法。如果教学内容以理论性知识为主，如体育教学的历史与发展、基本概念等，教师可以采用讲解法，或运用多媒体教学工具，通过图片、视频或动画等形式展示理论知识。而对于技术性较强的技能类内容，如篮球、足球、乒乓球等运动项目，教师应选用分解练习法，将复杂动作拆分为若干简单步骤进行教学。考虑到这些运动项目的团队性，小组教学更为合适，有助于学生在互动中更好地掌握技术要点。

综上所述，教师需根据教学内容特点，灵活选择和运用多样化的教学方法，确保教学活动的实效性和教学质量。通过科学合理的教学方法选择，有助于更好地实现教学目标，提升学生的体育技能和理论知识水平。

三、青少年身心发展状况

体育教学在学生的学习生涯中发挥着举足轻重的作用。由于学生在不同的成长阶段，其身心发展状况各异，包括知识水平、智力发展、学习动机、心理年龄特征、认知方式和学习习惯等方面，这些因素对体育教学产生了明显的影响。心理学研究和教学实践均证实，学生的身心发展与教学成效之间存在紧密的互动关系。

因此，体育教师在教学过程中需充分关注学生的心理特点，根据他们的基础知识水平，制定适宜的教学策略。在制定教学目标时，教师可以适当降低难度，采取寓教于乐的方式，选择和运用恰当的教学方法，使学生在学习知识和技能的同时，身心得到健康发展。例如，对于高年级学生，抛铅球等练习或许较为轻松，但对低年级学生而言，这可能是一项富有挑战的任务。因此，低年级学生更适合参与如丢手绢、捉迷藏等简单有趣的体育游戏，这些活动能更好地激发他们的兴趣和参与热情。相反，身心发展更为成熟的高年级学生可能对这些简单的游戏兴趣不大，而更喜欢挑战性的体育活动。

四、教师专业素养

在体育教学领域，教师担任着指导者和主导者的角色，肩负着提升学生身体素质和全面素质的重任，同时也需要传授体育相关知识。因此，教师自身的素质对教学方法的选择和应用具有直接且重大的影响。体育教师的素质主要包括四个方面：专业知识、组织能力、思维能力和教学技能。

在教学过程中，教师不仅要了解学生的实际情况，还需要不断提升自身的素质和专业水平。只有这样，教师才能根据自身优势，选择最适合的教学方法，不断创新，逐步提升教学水平，这是提升教学质量的关键。如果教师缺乏实战教学经验，或在教学组织上存在明显不足，将无法确保课堂教学的效果，也无法正确指导学生学习相关知识，更无法有效实施教学策略。

保持对自身素质的高标准、严要求，是体育教师对学生、课程和教学负责的表现。正如"巧妇难为无米之炊"，如果一位从未接触过排球运动的教师被安排教授排球课程，教学过程和结果很可能不尽如人意。即使能够选择适合排球教学的方法，但由于缺乏实战经验，教学过程也难以按预期进行。因此，教师的自我提升和专业发展是保障体育教学质量的重要因素。

五、教学方法本身的特点

教学方法是保证教学质量的关键，但无一方法能适用于所有情况。每种方法均有特定适用人群、环境和条件，若脱离这些条件，其效果将大打折扣。简而言之，教学方法需要在特定环境和内容中才能充分发挥其优势。不同教学方法对教学设备、教学对象及学生身心发展特点等均有不同要求。教学方法本身是多因素有机组合，既包含促进教学的因素，也存在不利因素。这些多因素共同决定了每种教学方法的适用范围和条件。

从以上分析可知，教学方法本身的特点亦是选择和应用教学方法的重要因素之一。故教师在选择教学方法时，需综合考虑多种因素，确保所选方法适应具体教学情境，以达到最佳教学效果。

六、教学环境规范与需求

教学环境是教学方法的基础和实施的必要条件，包括教学硬件设备、教学空间和时间。一个良好的教学环境能推动教学效果的提升，反之则可能阻碍教学进程。因此，教师应充分利用现有教学环境，优化教学方法，以提高教学质量。

教学环境在选择和应用教学方法中起着重要作用。例如，在设备落后、场地不足的学校，进行篮球、足球和乒乓球等运动教学时，由于缺乏必要设备，示范法教学难以进行。因此，教师在选择教学方法时，需充分考虑教学环境的实际，灵活调整教学策略，确保教学活动的有效性和教学质量。

七、体育教学的理念与策略

体育教学方法的核心在于教学的指导思想，它的不同直接引领教学方法的选择。换句话说，教学指导思想决定了教学方法的形成。仅掌握教学理论是不足以使教师选出最适合的教学方法的，教师还需要在指导思想上体现出时代性和科学性。

选择教学方法是一项复杂的任务，因为它受到众多因素的影响，不能一概而论，而要根据实际情况灵活变动。例如，经济发展水平、师资力量及学生体能素质等因素在各地区都有所不同。在经济发展滞后、师资力量不足、运动场地有限的偏远山区学校，体育教师无法开展需要大场地和设施的运动项目，如足球或排球。面对这种情况，教师需调整教学内容，选择对场地和设施依赖较小的运动，如太极拳等。

因此，体育教学不仅要强调实践性，还要兼顾其他教学因素。在选择教学方法时，教师应全面审视教学过程中可能涉及的各种因素，如教学环境、学生特点、教学目标等，以便选用最适宜的教学方法，确保教学目标的实现。通过这种灵活且科学的方法选择，可以有力提升体育教学的质量和效果。

第三节　选择与应用科学化的体育教学方法

体育教学方法是提升高校体育教学质量的重要因素之一。在成为一名体育教师之后，将会不可避免地遇到一个重要问题，那就是如何选择与应用有效的体育教学方法。这是提升高校体育教学质量的重要因素之一。

一、体育教学方法选择的合理性对教学效果的影响

为了确保良好的教学效果，我国高校体育教师在选择体育教学方法时，必须遵循两个基本原则：科学性和合理性。随着教学方法的不断改革和创新，体育教师需要认识到，如何科学合理地选择教学方法至关重要。

作为高校体育教师，提高教学质量是首要任务，这是每位教师都需要充分意识到的。在选择教学方法时，教师应根据教学目标和相关教学因素，选择最合适的方法。同时，教师需要深入研究和分析教学过程中的各种因素，通过合理地组合不同的教学方法，进一步提升教学质量。

教学方法是教师完成教学任务的必要手段，每位教师都需要运用这些方法进行教学。选择和使用这些方法，直接影响到教学效果。因此，在了解各种教学方法的基础上，高校体育教师还需要在实际工作中学会合理运用这些方法，以达到最佳教学效果，提高教学质量，顺利完成教学任务。

二、确定体育教学方法的重要依据

作为一名合格的高校体育教师，具备选择最佳体育教学方法的能力至关重要。然而，这项任务的完成并非易事。每种教学方法都有其特定的适用范围，而不同的教学内容也各有最适合的教学方法。因此，高校体育教师需要学会全面考虑各种因素，以判断哪种教学方法最为适宜。选择最合适的体育教学方法主要需依据以下几个方面来进行。

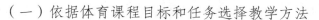

（一）依据体育课程目标和任务选择教学方法

由于不同的体育课程有着不同的教学目标和任务，多种多样的体育教学方法被广泛应用。因此，在选择合适的体育教学方法时，当前课程的教学目标和任务是一个重要依据。例如，如果教学目标是让学生了解体育方面的相关知识和要求，可以采用通用的"讲解法"；如果教学目标是让学生掌握运动技巧，可以根据实际情况选择"动作示范法"或"演示法"；如果目标是通过练习来完成教学任务，可以选择"练习法"等。

由此可见，教学目标和任务是高校体育教师选择教学方法的重要依据。通过明确教学目标和任务，教师可以更有针对性地选择最合适的教学方法，从而有效提高教学效果。

（二）依据体育教学内容特点来选用适宜的教学方法

在诸如数理化等学科教学中，面对各种题型，我们需要采取相应的解题方法才能达到目标。同样，在体育教学中，高校体育教师也要根据教学内容的性质，选择最适合的教学方法。比如，在教授器械使用技巧时，可以运用分解教学法；对于游泳、滑冰等技巧要求高的项目，分解教学法也是适用的。而在跑步、跳跃等连续性强且动作短暂的项目中，完整教学法则是更好的选择。

为了达到最佳教学效果，高校体育教师首先要深入分析教材，了解教学内容的特点，然后根据这些特点选择最匹配的教学方法。这样，教师就能确保教学方法与教学内容的高度契合，从而提升教学效果。

（三）依据学生实际需求调整教学方法

高校体育教师高度重视教学方法的选择，其根本在于追求最佳教学效果，确保所有学生都能充分掌握教学内容，从而促进体育教学目标的顺利实现。选择和运用教学方法的初衷并非炫耀教师个人能力，而是致力于为学生提供更优质的服务。因此，教学方法应以学生为核心，根据学生的学习成效进行调整。

在选择教学方法时，教师需充分考虑学生的年龄、身体状况和学习能力等各方面因素，从学生的实际需求出发，选用能帮助他们迅速理解和接受的教学方法。如此一来，教师能确保所选方法与学生的实际情况相符，进而提升教学成效，实现教学目标。

（四）依据教师自身情况调整教学方法

作为教学方法的实施者，教师必须深入了解各种教学方法。只有当教学方法与教师个人特点紧密结合，才能最大限度地发挥其作用。某些教学方法虽具有良好的教学效果，但若教师自身素质不够，强行采用这些方法可能导致预期效果不佳，其至降低教学质量。因此，体育教学方法的选择受到教师自身素质的制约。以思维能力和语言表达能力较强的体育教师为例，他们可以更多地采用讲解法，通过语言传授体育知识给学生。而对于运动技能突出的教师，则可以运用演示法，通过实际操作展示技术动作，帮助学生更快地掌握体育技能。这样，教师能充分发挥自身优势，选择最适合自己的教学方法，进而提高教学效果。

（五）依据教学方法适用场景来选择合适的教学方法

体育教学方法丰富多样，每种都有其独特之处和适用场景。在高校体育教学过程中，教师需要深入了解各种教学方法，熟知其特点及使用条件，以取得理想的教学成果。例如，领会教学法更适合高年级学生，因为他们的认知能力已相对成熟，而低年级学生的认知能力仍在发展中，使用领会教学法可能收效甚微。因此，高校体育教师在选择教学方法时，应细致分析各种方法的适用范围，结合当前教学实际，灵活选用最适合的教学方法。如此一来，教师能确保所选教学方法与学生实际需求相契合，进而提升教学成效。

（六）依据教学时长与效果优化教学方法

各种教学任务的教学时间和最终教学效率因其所采用的教学方法而异。例如，实践法的教学时间通常较长，而分解教学法也比完整教学法耗时更多。然而，对于那些仅通过讲解难以彻底理解的内容，实践法的教学效率却往往更高。因此，在选择教学方法时，高校体育教师必须全面考虑各种方法的教学时间和效率。

一种理想的教学方法应在确保教学质量的基础上，尽可能节省时间并提高效率。高校体育教师需要熟练掌握各种教学方法，根据自身经验和教学实际情况，选择省时高效的方法，以达到最佳教学效果。通过这种方法，教师可以在有限的时间内更好地完成教学任务，确保学生能够充分理解和掌握所学内容。

三、选择与应用体育教学方法的原则

体育教学方法在教学过程中发挥着举足轻重的作用，其重要性不容忽视。随着新课标对体育教学要求的日益提高，越来越多的体育教师开始关注教学方法的合理选择。然而，选择教学方法并非随意而为。通过深入研究，我们可以总结出在选择与应用体育教学方法时需遵循的五项基本原则，以确保教学过程的连贯性和有效性。

（一）目标性原则

教学方法的选择应当基于科学合理的原则，其目的是更好地实现教学目标。

教学目标为教学方法的选择提供了明确的指引，而适宜的教学方法又能促进教学目标的顺利实现。因此，在选择教学方法时，我们应首先明确教学目标，进而思考如何利用该方法更有效地实现这些目标。确保教学方法具有明确的目标性，是保证教学质量和顺利完成相应教学任务的关键。

（二）有效性原则

在选择教学方法时，我们不能忽视其对教学目标的影响，也就是它能否有效提升教学质量并顺利实现教学目标。有些教学方法步骤繁多，耗时较长，这可能会对其他教学内容产生干扰，导致整体教学效率下降。如果一种教学方法在实际运用中影响了教学活动的顺利进行，那么它就失去了有效性。例如，一位高校体育教师在指导学生跑步训练时，融合了多媒体教学和实践训练两种方法，但跑步本身是一项简单易学的运动，使用多媒体教学反而浪费了时间，降低了教学效率，从而影响了教学的有效性。因此，在选择教学方法时，我们必须确保其高效实用，以确保教学活动的顺利进行和教学质量的提高。

（三）适宜性原则

每种体育教学方法都适用于特定的教学环境和目标群体。谈论适宜性时，我们主要从两个角度来考虑。

1.学生与教学方法的适配度。这意味着教学方法是否符合学生的身心发展规律。例如，对于低年级的学生，我们应选择符合他们认知能力和身体发展水平的教学方法，如讲解法和动作示范法。

2.教师与教学方法的适应性。每种教学方法都对教师的个人素质有特定要求。只有当教师的素质与教学方法相匹配时，教学优势才能得到充分发挥。以讲解法为例，教师需要有良好的语言表达和教学组织能力；而对于动作示范法，教师应具备较高的运动技能和示范能力。

因此，在选择教学方法时，教师需综合考虑学生的特点和自身条件，确保所选方法既能满足学生的发展需求，又能充分发挥自身优势，从而达到最优教学效果。

（四）多样化原则

体育教学是一门内涵丰富的学科，其教学手段同样丰富多样。每一种教学方法都具备独特的功效和作用，只有将各种方法相互结合，才能最大化地发挥体育教学的优势。多元化的教学方法不仅能让体育教学更加活泼有趣，还能调控课堂气氛，激发学生的学习兴趣和积极性，有助于学生专注学习，从而实现教学目标，提升教学质量。

（五）兼顾统一规范与个性化教育原则

高校体育教学的目标是全面培养每一位学生，因此，教学方法需兼顾全体学生的个性与需求，确保既能适应大部分学生的学习能力，又能够充分利用体育设备。简便适宜、难度适中是教学方法的基本要求，同时，还需将统一的教学要求与个性化的教学相结合，既要满足整体需求，也要照顾到学生的个性和生理特点。

首先，教师应深入钻研教材，明确重点与难点，精心备课，以创新的教学方法来推动教学质量的提升。把握重点，突破难点，这是教学方法优选和创新的关键。

其次，教师需要妥善处理知识、技能、技术与体能发展、身体锻炼之间的关系，保证教学内容的全面性和平衡性。

最后，教学应具有针对性，既要满足基本教学要求，也要鼓励学生发展个性和兴趣爱好。教师应在了解学生性别、年龄特征的基础上，加强组织管理，实施个性化教学。

综上，只有将统一要求与因材施教相结合，才能使教学方法更具针对性和实效性，从而不断提升教学质量。

四、优化体育教学方法，提升教学质量

（一）影响体育教学效果的相关因素分析

体育教学是师生互动的过程，要达到最优教学效果，教师需要灵活运用各种教学方法，并掌握丰富的专业理论知识，尤其是教学方法方面的知识。体育教师的教学经验、教学技巧和教学艺术对教学方法的效果有着重要影响。因此，提升体育教师的素质，尤其是提高他们运用教学方法的水平，是提升教学效果的关键。

然而，教学效果也与学生的因素密切相关。如果学生对体育课缺乏兴趣，注意力不集中，即使教师讲解得再生动，动作示范再准确，教学效果也可能大打折扣。学生的动机、主动性、积极性、创造性，以及他们的独立分析评价能力、运动技术水平、身体发育特点等都对教学效果产生重要影响。

综合来看，提升体育教师的素质和教学水平是提高教学效果的基础，同时，我们也需要关注学生的实际情况，激发他们的兴趣和积极性，营造良好的教学氛围，以确保教学方法的有效性和教学质量的提高。

体育教学的物质技术条件和环境因素同样至关重要。例如，在体育馆内授课能够降低外部环境的干扰，进而提升教学效果。因此，在强调人的因素的同时，

我们无法忽视物质条件的重要性。

教学过程是一个动态的过程，因此，教师在备课时应尽可能预见教学活动中可能出现的新情况，并提前准备好应对策略。在实际授课过程中，教师需根据教学实际情况，灵活且富有创造力地掌控教学进程，以期达到最佳教学效果。

总的来说，体育教学不仅要关注师生互动和学生个体差异，还应注重教学环境和物质条件的支持。通过科学的备课和灵活的教学管理，教师能更好地应对教学过程中的各种变化，确保教学活动的顺利进行和教学效果的提升。

（二）体育教学方法的理论探讨与应用实践

理论起源于实践，却又超越实践，并为之提供指导。运用体育教学方法不仅是个实践问题，更是个理论问题。作为体育教学方法的理论基础，除了生理学，还应涵盖唯物辩证法的基本观点、系统论原理、教育学、心理学等与体育教学密切相关的学科知识。依托这些跨学科的理论支撑，对高校体育教学方法进行研究和创新，从而更全面、科学地提升教学成效。

（三）优化体育教学方法，实现协同互补

高校体育教师在日常教学中，不仅需要不断学习相关知识，继承传统的科学教学方法，还应致力于创新研究。通过反复实践与总结，逐步形成一套独具特色的教学方法。此举不仅有助于提升教师自身的教学水平，也为后人积累了宝贵经验，从而有利于学生成长和社会进步。

第一，在实施任何体育教学方法时，务必确保教师与学生之间的协调互动。不仅要关注教师的教授过程，即如何高效地传授知识和技能，同时要关注学生的学习过程，即如何积极主动地吸收和掌握这些知识和技能。只有在这种双向互动的基础上，才能保证教学方法的有效性和实现教学目标。

第二，在实施体育教学过程中，教师需关注学生的内外部活动及变化。学生的外部表现主要包括注意力、情绪、动作质量、出汗程度和面色等，这些可以反映学生学习的主动性、积极性、体能状况及学习成效。而内部活动与变化主要涉及心理活动、生理特征、生物化学及生物电等方面，这些内部变化对学习效率和成果具有决定性影响。因此，教师在应用体育教学方法时，应将指导学生外部活动与激发内部活动相结合，并根据学生内外部活动变化不断调整两者关系。通过这种综合性教学方法，学生在愉悦的氛围中主动学习，达到最佳学习效果。

第三，在体育教学中应用教学方法时，教师需要注意学生掌握知识和技能的不同阶段。在学习的初期阶段，学生通常以模仿为主，可能模仿教师的动作（这是最基本的），也可能模仿其他人的动作。通过多次反复练习，学生逐渐形成运动技能，最终能够摆脱模仿的模式，根据个人特点进行创新，进入"创造型"阶段。因此，在运用体育教学方法时，教师应关注这一变化过程，帮助学生从"模仿型"顺利过渡到"创造型"，并将这两个阶段有机联系起来。同时，教师还需要根据不同学生的具体情况，采取差异化的教学方法，确保每个学生都能在适合自己的道路上不断进步。

第四章　现代高校体育教学效率的优化与提升路径

第一节　高校体育教师与学生互动的促进与发展

一、体育教师与学生之间的互动关系

（一）教师主导作用与学生主体地位的平衡

在教育改革和体育教学改革的过程中，"教师的主导性"与"学生的主体性"一直是核心议题。然而，这两个概念以及它们之间的相互关系在理论探讨中并未得到充分阐明，实践中也存在诸多误解。例如，一些评论认为："某次教学改革过于强调学生的主体地位，削弱了教师的主导作用"；或"某堂课教师控制力过强，限制了学生主动性的发挥"。这类观点往往将教师的主导性简单等同于管理和权威，有时甚至误解为过度控制，这种倾向并不利于教学发展。

实际上，教师的主导性更多体现在引导学生、启发学生和帮助学生学习的过程之中，而非单方面的控制。学生的主体性则强调在学习过程中的主动参与和自我驱动。这两者并非对立关系，而是相辅相成的。有效的教学应当是教师通过合理的设计和指导，激发学生的内在动力，使学生在探索中成长。同时，教师适时提供必要的帮助和反馈，确保学习目标的实现。

"教师的主导性"可以解读为教师在学生学习过程中的指导作用，具体表现为指导的质量和力度；而"学生的主体性"则指的是学生对自己学习目标的明确程度，以及在学习过程中表现出的主动性和积极性。这两者的核心交汇点在于"学习过程"。

实际上，教师的主导性和学生的主体性是同一教学过程中的两个不同侧面。教师的指导目的是更好地激发和促进学生的主体性学习，而学生在接受教师指导的同时，既要能正确地接受"导"，也要能积极主动地"学"。因此，这两者是相

辅相成、不可分割的。没有正确指导的主动学习，可能会变成盲目学习；反之，如果学生缺乏主动学习的动力，即便教师提供了正确的指导，也难以达到预期的教学效果。

简而言之，教师的主导性和学生的主体性之间存在着密切的联系。教师通过有效的指导帮助学生明确学习方向，激发学习兴趣；学生则在教师的指导下，发挥主观能动性，积极参与到学习活动中来。这种双向互动不仅能够提高教学效率，还能促进学生综合素质的全面提升。

在实际的体育教学过程中，"正确的指导"与"积极的学习"相辅相成，共同打造出一堂高效、互动丰富的高品质课程。倘若只有学生的积极性，却缺乏教师的正确指导，这样的课程在其他学科中或许只是低效，但在体育教学中却可能带来极大的风险，因为错误的训练方法可能导致伤害。反之，如果既缺乏教师的正确指导，又没有学生的学习热情，那么这堂课便会变得枯燥无味，毫无成效，我们通常称之为"放羊式教学"。

值得关注的是，只有教师的正确指导而没有学生的学习积极性的情况实际上是不存在的，因为优质的教学总能激发学生的参与意愿。

（二）教师主导性与学生主体性的互补与共生

在教学过程中，教师的主导作用与学生的主体地位密切相关。教师的主导性越强，越能激发学生的主体性；反之，若教师的主导性不足，学生的主体性也难以充分发挥。

以饲养员引导熊猫为例，假设一位饲养员想引导一只熊猫进入它不愿去的笼子。他可以通过放置熊猫喜欢的竹子在可见范围内，逐步引导它走向笼子。在这个过程中，熊猫因食欲（即主体性）与饲养员的引导策略（即主导性）完美结合，达到了目的。关键在于，饲养员要了解熊猫的饮食喜好和视线范围，以便有效地将引导意图与熊猫的行为动机相结合。若不了解这些信息，饲养员就无法确定使用何种诱饵、放置多少以及放在哪里，最终无法达到目的。

同样，在教学过程中，教师需深入了解学生的兴趣、能力水平和认知特点，以便制定适宜的教学方案，激发学生的学习热情。从而使教师的指导与学生的主动学习形成良性互动，共同推动教学目标的实现。

在教学过程中，教师与学生之间的关系犹如饲养员与熊猫，教师在其中发挥着至关重要的主导作用。这些作用主要表现在以下几个方面：首先，明确教学目标，确保教学方向正确；其次，深入了解学生的学习动机、兴趣和步骤，以便据此编制教材和设计教学方案。通过这种方式，教师能够不断激发学生的学习热情，促进师生间的默契协作，共同实现教学目标。

教师对学生的需求了解得越深入，对教材的掌握越准确，教学方法的选择越恰当，就越能体现其主导地位。在体育教学中，教师的主导地位和学生的主体地位是相互依存、相互促进的，如同硬币的两面。教师的有效指导能激发学生的主体性，而学生的积极表现则反过来验证了教师的主导作用。这种双向互动不仅提升了教学效果，还促进了学生的全面发展。

（三）通过优化和强化教师的主导性来充分激发学生的主体性

在当前的体育教学改革中，我们需兼顾教师的主导地位与学生的主体地位，二者不可或缺。过去，受应试教育影响，部分教师可能忽视了学生的学习热情，未能充分考虑学生的心理特质和需求，导致体育教学变得刻板和无趣。这并非教师主导性过强，而是教师在教学过程中缺乏变通和人文关怀，这种做法无法激发学生的兴趣，学生自然无法真正融入课堂，教师的主导作用也因此而失效。

因此，我们在教学改革中应避免从一个极端走向另一个极端，而应是深入理解教师主导性与学生主体性之间的联系，寻求二者的平衡。教师应积极探究学生的需求，不断优化教学内容和方法，寻求适合学生的教学策略。通过强化和优化教师的主导地位，激发学生的主体性，使学生在愉快的学习氛围中奋发向前，最终实现教育目标和教学宗旨。

素质教育强调学生是学习和发展的主体，体育教学需激发学生的主体性，使其主动、积极地参与。但这并不代表要削弱教师的主导地位。有些教师过于强调"学生决定一切"和"学重于教"，将学生的主体性与教师的主导性相对立，这是错误的。

实际上，强调学生主体性并不否认教师的主导作用。未来，体育教师的角色依然至关重要，对教师的要求也会更高。教师的职责不仅在于传授知识和技能，更在于激发学生兴趣，引导学生主动学习。因此，学生主体性与教师主导性并不矛盾。

在学生成长过程中，随着年龄和学习阶段的不同，主体性表现也各异。幼儿园和小学阶段，学生自立能力和知识储备有限，教师的主导作用尤为突出。随着学生年龄增长、知识积累和能力提升，他们的主体性逐渐增强，更多参与学习决策。因此，教师需根据学生发展阶段，灵活调整教学策略，既发挥自身主导作用，又充分激发学生主体性，实现教学相长。

二、体育教师的持续发展与成长

（一）满足体育教师需求以保障教师队伍稳定

为了推动体育教师队伍的可持续发展，特别是稳定中青年教师队伍，高校领导和相关部门需从教师实际需求出发，采取有力措施解决他们在生活和工作中的难题，进而更好地满足教师需求，保障教师队伍的稳定性。具体而言，可以从以下几个方面着手：

第一，强化思想政治建设。坚持党政联席会议制度，注重从青年教师中发展新党员，加强对全体教师的培养，特别是要帮助青年教师树立正确的人生观和世界观，确保师资队伍的思想政治素质不断提高。

第二，提高教师收入水平。采取有效措施提高教师的收入，确保其达到社会中等水平。在社会保险和社会福利等方面给予政策倾斜，使教师在与国内其他行业和地区的对比中，不会有心理落差，真正体会到自身的职业价值和社会认可。

第三，营造良好的成长环境。为中青年教师提供一个良好的发展平台，积极引进高学历人才，以增强教师队伍的整体实力。通过这些举措，确保现有教师队伍的稳定性和持续发展。

（二）重视体育教师的培养与培训，进一步优化教师的学历结构

体育师资队伍建设是一项长期且复杂的系统工程，需要高校加强领导、全面规划和统一管理。为了确保这项工程的顺利推进，高校应设立由校领导和专家学者组成的师资队伍建设委员会，全面负责师资队伍建设的决策、指挥和监督，从而为这项工作提供坚实的组织保障。具体措施如下：

第一，拓宽高学历教师来源。国家应加大对体育专业硕士和博士研究生的招生和培养力度，以吸引更多高学历优秀人才加入高校体育教师队伍。

第二，建立完善教师档案。为每位体育教师创建翔实的个人档案，并通过多种途径和措施，为教师提供丰富的培训和学习机会，提升他们的专业水平和教学能力。

第三，规范教师进修与管理。制订科学的进修计划，确保体育教师能定期参加培训，同时资助教师的科研项目，促进其科研能力和综合素质的提升。

（三）通过实施优惠政策加速人才培养进程

我国对高校体育教师的职称评定制度既严谨又具备灵活性。尤其针对高水平或有特殊贡献的青年教师，我们实施优惠政策，破格晋升职称，以充分激发他们的积极性和创造力。同时，对在培养后备学术人才方面贡献巨大的资深教授，应予以表彰和鼓励，充分发挥他们的专长和经验。此外，高校应放宽体育教学科研人才的流动政策，积极对接市场需求，尽快启动"高层次创新人才工程"，加强科研工作，加速人才培养和成果产出。通过这些措施，不仅能吸引更多优秀人才加入高校体育教师队伍，还能促进现有教师的专业发展，提升整体教学质量和科

研水平。

三、体育教学中学生的发展与成长

现代体育教学的核心目标是推动学生全面发展。为实现此目标，我们需要实施一系列改革教学方法并促进学生发展的策略。具体来说，可以从以下两个方面入手。

（一）贯彻科学教学思想，树立先进教学观念

为了推动学生全面发展，首要任务是落实科学的体育教学理念，并树立前瞻性的教学观念。我国已确立"终身体育"和"以人为本"的体育教学理念。基于"终身体育"理念，现代体育教学应将锻炼意识融入学生的日常生活，为我国体育教学创新提供有力指引。在"以人为本"的思想指导下，教学应坚持以学生为核心，从学生的实际需求和兴趣出发，让学生参与教学内容的选择，以全面提升学生素质为教学目标。

通过转变教学观念，能激发学生的主动性和积极性，挖掘学生的智慧潜能，鼓励他们进行自主学习和创新探索。这样既能激发学生的学习热情，使他们保持最佳的学习状态，又能实现最优的教学效果。总之，落实科学的教学思想和先进的教学观念是推动学生全面发展的关键。

（二）通过体育教学改革提升教学效果

为了推动学生全面发展，现代体育教学改革刻不容缓。一方面，我们需要拓展体育教学的内涵，引入新颖的教学方法和技术，以丰富高等教育的体育课程。通过融入新兴和广受欢迎的体育项目，可以激发学生的学习热情，提升他们的积极性，同时也有助于推广这些项目，推动全民健康和终身体育的实现。另一方面，在教学方式和方法上，虽然传统体育教学模式有其固有优势，但在新型教学模式面前，其影响仍有所局限。因此，现代体育教学的进步需要借助新的教学方法和现代化教学工具。这些新的工具能生动直观地展示教学内容，帮助学生准确掌握体育知识，使体育课堂更具趣味性，能调动全体学生的积极性，从而大幅提升体育教学的效果。综上所述，通过充实教学内容、采用新型教学方法和现代化教学手段，可以有效地提升体育教学质量，促进学生全面发展。

第二节　高校体育课程内容资源的开发与拓展

一、体育教学内容开发的目标

（一）满足学生体育需求，提升学生身心健康水平

满足学生多样化的体育需求，推动他们全面发展，是体育教学的核心目标，也是教学内容开发的主要方向。在发掘各类体育教学资源时，首先要关注并满足学生的实际需求，只有如此，开发的体育教学内容才能得到学生的认同和喜爱。另外，学生需要掌握的体育知识远超体育课程所能提供的范围。因此，在开发体育教学内容时，应在充分考虑成本效益的前提下，着重选择那些对学生的终身体育发展具有积极影响的内容。这样，不仅能够拓宽学生的体育知识范围，还能为他们的终身体育活动奠定坚实基础，从而推动学生全面发展。

在挖掘开发体育教学资源的过程中，我们应激发学生的主动参与和探索精神，引导他们掌握真正的学习方法。通过提供丰富多样的体育教学内容，助力学生养成独立学习的习惯，培养自我意识及能力。体育教师应充分利用一切有利于资源开发的因素，全面提升学生在探究问题、分析问题、解决问题及团队合作等方面的能力。使学生能够创新性地运用各类体育教学资源，为自身的体育学习和实践，以及相关探索活动提供有力支撑。

（二）提升体育教师的认知能力

在探索体育教学内容的过程中，提升体育教师对教学资源的认知能力至关重要。通过深入了解和掌握新的体育教学资源，可以激发教师在资源挖掘方面的主动性和积极性，从而直接影响挖掘的质量和效果。因此，在进行体育教学内容开发时，体育教师需要不断深化对教学资源的认识，以提高在体育教学资源方面的认知能力。这样，才能在教学过程中充分发挥资源的价值，提升教学质量。

（三）丰富体育教学内容体系

体育教学内容资源丰富多样，为深入挖掘提供了有力支持。要丰富和拓展体育教学内容，需从多角度、多层次出发，包括体育学科专家、学生等多元主体，及国家、地方和高校等不同层面，协同挖掘和开发新的教学资源。尤其注重趣味性、创新性和高度适应性的内容，优先融入体育教学体系，以增强吸引力与实用

性。此举不仅能构建符合我国国情的体育教学内容体系，为高校学生提供更广阔的学习和发展空间，促进个性化学习，也有助于全面推行素质教育，提升体育教学质量和效果。

（四）打造高校体育教学特色，提升新内容的适用性

在探索体育教学资源的过程中，我们需要构建与本校实际相匹配的体育教学特色，并不断提升其在高校体育教学中的适应性，这是我们的核心目标。由于各高校的办学理念、条件及性质各不相同，再加上学生的发展基础差异，体育教学资源在性质、结构及数量上必然存在差异。

因此，我们在挖掘体育教学内容时，不应只追求统一性，而应更加注重保持各地区体育教学内容的多样性和丰富性。这样，每所高校都能将其独特的体育教学资源转化为自身的特色优势。只有这样，高校体育教学资源的开发工作才能更具活力，以更好地满足学生的个性化发展需求。

二、体育教学内容挖掘与开发应遵循的原则

（一）时代性原则

在挖掘与开发体育教学内容资源的过程中，与时俱进至关重要，这主要包括以下两方面。

首先，体育教学资源的开发应紧密贴合现代社会发展的实际需求。随着社会的飞速发展，人们的生活和工作方式发生了深刻改变，虽然便利性不断提升，但现代生活也带来了如久坐引发的身心健康问题等挑战。因此，在挖掘与开发体育教学资源时，应着重关注那些能有效促进健康、缓解生活压力的项目，确保教学内容既能满足当下社会的实际需求，又能助力学生养成健康的生活方式。

其次，体育教学资源的挖掘与开发还应具有鲜明的时代特色。伴随着科技的发展和消费观念的转变，许多新型健身、娱乐和休闲方式应运而生。在这一背景下，体育教学资源的开发不仅要继承传统体育项目的精髓，还要勇于尝试新兴的体育活动形式，使教学内容始终保持与时俱进，具有吸引力和实用性。通过这种方式，既能激发学生的学习兴趣，又能培养他们适应未来社会的能力。

总之，体育教学内容资源的挖掘与开发应既关注解决当代社会面临的健康问题，又追求不断创新，以更好地推动学生的全面发展。

（二）针对性原则

在开发体育教学内容时，需紧密结合教学目标、教师实际情况、学生特点以及高校具体条件，确保内容实用且针对性强。

首先，明确教学目标是挖掘与开发体育教学内容的基础。根据不同目标，选择适应的教学资源，以提高教学效果和针对性。

其次，贯彻"以学生为中心"的教育理念。在选择和开发教学内容时，充分考虑学生身心发展、兴趣、技能水平和知识背景，激发学生学习积极性，确保内容满足实际需求。

再者，挖掘与开发体育教学内容要兼顾每位教师的特点。包括专业知识、教育理念、教学经验、个人特长和专业水平等，实现教学内容个性化，提高教学质量。

最后，不可忽视高校具体情况。如学校性质、任务、地理位置、办学宗旨、培养目标、师生构成、历史沿革、校园文化及环境等。全面考虑这些因素，使教学内容更贴近实际，增强实用性和适应性。

综上，体育教学内容挖掘与开发需综合考虑教学目标、学生差异、教师特点和高校实际情况，以达到最佳教学效果。

（三）开发与利用相结合的原则

在体育教学内容资源的挖掘与开发过程中，我们必须秉持开发与利用相结合的原则。这意味着我们的挖掘工作需紧密贴合实际需求，避免无目标的开发行为，确保开发的体育教学内容能够真正服务于课堂，发挥其应有的教育价值。

在此过程中，我们需要克服只重开发而忽视利用的现象。不仅要注意资源的数量，更要看重质量。一方面，要积极开发各类体育教学资源；另一方面，也要善于分析和评估现有资源，对未充分利用的部分进行有效的改造和升级。这种方式能使原本闲置的资源重焕生机，成为课堂教学的重要部分。

总的来说，体育教学内容资源的挖掘与开发是一个既注重创新又强调应用的过程。通过合理开发与高效利用的有机结合，不仅能丰富体育教学内容，大幅提升教学效果，更能促进学生全面发展。

三、体育教学内容的演变与发展

（一）体育教学内容的演变

我国体育教学内容的演变主要表现在以下几个方面：

首先，随着全球竞技体育的蓬勃发展，现代竞技体育运动逐渐成为我国体育事业的核心。相应地，在高等教育体育教学中，竞技体育运动的内容日益占据主导，逐渐替代了传统的体育教学内容。

其次，虽然体育教学内容的数量有所精简，但质量和技术难度上却有了大幅提升。对于技术含量较高的教学内容，通常由经过专业训练的教师授课，确保了教学的专业性和有效性。

再者，体育教学场地和器材配置日趋规范，这既体现了我国高校对体育运动安全的高度重视，也有助于提升体育教学质量。

最后，体育教学内容中娱乐性成分逐渐减少，实践性和实用性比重不断加大。体育教学更加注重实践环节，与学生的实际需求和兴趣紧密结合，旨在通过体育锻炼增强学生体质，培养运动技能和团队协作能力。

综上，我国体育教学内容的发展变化，呈现出从注重形式向注重实质、从单一传授向多元互动的转变，更加符合现代社会对体育教学的期望。

（二）对体育教学内容发展的回顾与思考

1. 体育教学内容的逻辑关联性不足

与其他学科的教学内容相比，体育教学内容在逻辑性方面相对较弱。因此，教师在规划体育教学内容时，需要特别注意强化内容间的逻辑关系，以促进更深层次的教学研究和实践。这不仅有助于提升教学内容的系统性和连贯性，也能更好地引导学生理解和掌握体育知识与技能。

2. 竞技体育项目的教学化方法

在推进体育教学内容的发展中，竞技体育项目始终起着重要作用。然而，与专业运动训练相比，体育教学有其独特的要求和目标。若直接套用专业训练的标准和要求进行教学，可能会使教学难度过大，学生兴趣减弱，教学效果受损。因此，在体育教学内容中融入竞技体育项目时，需对这些项目进行适度调整和改革，确保既能激发学生兴趣，又能满足教学实际需求。这样不仅增强了教学的趣味性和实效性，还有助于推动学生全面发展。

第三节　高校体育教学方法与手段的选取与优化

一、体育教学方法的选取与优化策略

（一）体育教学方法的选用

为了获得理想的体育教学成果，体育教师需要在全面、科学地权衡各类相关因素的基础上，精心选择适当的教学方法，并对其进行合理的搭配和运用。在确定体育教学方法时，应注意以下几个重要方面：

首先，要根据体育教学目标来进行选择。无论是单元教学目标还是具体的课时目标，都会对教学方法产生直接影响。明确教学目标是选择适宜教学方法的前提。

其次，要充分考虑教材内容的性质和特点。体育教学内容与教学方法密切相关，根据教材的性质和特点选择最合适的教学方法至关重要。例如，技巧性较强的项目需较多示范和实践练习；而理论性较强的内容则适合采用讨论或讲解的方式。

再者，需结合学生的实际情况进行选择。教学方法应以学生为中心，充分考虑学生的性别、年龄、身心发展状况等个体差异。同时，了解学生已有的体育知识和技能水平，以便更有针对性地选择教学方法，满足学生的学习需求。

最后，教师要考虑自身条件。在选择教学方法时，要充分发挥自身优势，确保这些方法能有效提升教学质量。教师的专业判断力在这一过程中尤为重要。总之，体育教学方法的选择是一个复杂而精细的过程。教师需要在充分考虑教学目标、教材内容、学生特点及自身条件的基础上，做出最合理的选择，以取得最佳教学效果。

（二）选择体育教学方法的标准与要求

1. 铭记创新教育思想的目标

创新教育思想的核心在于推动学生全面发展，这是素质教育的基本要求和新课程改革的核心。创新教育并非以直接的社会或经济效益为目标，而是着力于提升学生的个人价值。因此，教师在选择教学方法时，应注重激发学生的创新意识，让他们在思维上勇于创新，行动上敢于尝试，目标实现上能够创新，并在学习过程中学会创新。这种创新精神对于颠覆传统教学模式、激发学生学习兴趣、推动体育教学改革及塑造新的体育教学观念具有重要意义。

2. 明确教师角色转换的目的

新课程标准对教师角色提出了多元化的要求，促使教师从传统角色转型，以满足新课程需求。这种转变主要表现在以下几个方面：

第一，教师需从知识传授者转变为学生的合作伙伴，共同探索未知领域；

第二，从教学控制者转变为学习活动的引导者，激发学生自主学习的兴趣；

第三，教师应从简单教书匠转变为教学研究者，不断更新教育理念与教学方法；

第四，从冷漠的评判者转变为热情的鼓励者，为学生提供正面支持。

3. 提升教学技能的艺术品位

提升教学技能的艺术品位，不仅需要汲取并传承传统教学方法的精髓，同时还要熟练运用现代教学技术和新的教学理念。如何将二者有机结合，是当前众多体育教师面临的重要课题。在新的教育背景下，教师既不能拘泥于传统教学方式，也不能过度依赖现代教学技术。忽视教学技能的艺术性既不合理，也无法满足现代教育的需求。因此，教师应致力于将传统与现代教学方法巧妙融合，以实现教学效果的最优化。

4. 设计贴近生活实际的体育教学内容

体育活动对于培养学生的社会适应能力具有独特的优势。在体育活动中，学生所学到的合作与交流技巧可以顺利地融入日常生活和学习中。因此，探寻有效的教学方法以培养学生的社会适应能力显得尤为重要。以走、跑、跳、投等基本活动为例，这些技能在日常生活中无处不在。原始人在追捕猎物或躲避危险时，需要迅速作出反应。若等到摆好起跑姿势再跑，猎物可能早已离去，甚至自己成了猎物的猎物。因此，起跑等教学内容的实际意义并不大，其主要目的在于竞技。另外，学习武术不仅仅是为了强身健体，更重要的是提高学生在生活中的自我保护能力。教学中应注重培养学生的攻防意识，让他们了解每个动作的实战应用。若仅仅机械地教授招式，而不解释其实际用途，这样的教学便失去了意义。综上所述，体育教学内容应紧密贴合生活实际，既传授学生基本的运动技能，又注重培养他们在现实生活中的应用能力，从而增强社会适应性。

5. 构建学生自我展示的平台

在体育教学中，教师应把握所有机会，为学生创造展示自身能力的舞台，致力于培养他们的主体意识。让每一个学生都有机会品尝到成功的喜悦，从而激发他们进一步追求成功的动力。成功是人们持之以恒的目标，它能助人建立自信、鼓舞斗志，并转化为持续的动力。

（三）体育教学中的教学方法应用

1. 整体性

每种体育教学方法都具备独特的作用、特点和适用范围，同时也有不可避免的局限性。因此，在选择教学方法时，体育教师应全面考虑，重视各种方法间的有机结合，以充分发挥整个教学体系的协同效应。这样，既能充分发挥各种教学方法的优势，又能弥补各自的不足，从而提升教学质量，助力学生全面发展。

2. 启发性

体育教师在选择教学方法时，应以学生实际需求为出发点，充分调动他们的积极性和主动性，鼓励他们积极参与体育活动。教师要尊重每个学生的个性，培养他们的思维能力和创新精神。通过科学合理的教学设计，既能提升学生的体育技能，也能激发他们对体育学习的兴趣和动力；同时，营造适当的学习情境，有助于引导学生深入思考，从而提高学习效果。

3. 灵活性

体育教学本质上是一个富有变数和活力的过程。尽管教师在备课阶段已经根据教学目标、课程内容和学生个体差异，精心制定了教学策略，但在实际教学过程中，仍会遭遇诸多突发情况。因此，体育教师在执行教学策略时，须具备灵

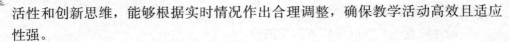

活性和创新思维，能够根据实时情况作出合理调整，确保教学活动高效且适应性强。

（四）现代体育教学方法的创新与优化

1. 自主学习法

自主学习法，亦称主动性学习，是一种在教师指导下，让学生根据个人实际和需求自主设定学习目标、选择学习内容以及规划学习路径的学习方式。这种方法的核心在于激发学生的积极参与性，从而高效实现体育教学目标。

（1）自主学习的价值

①强化学生的主体意识，激发体育学习兴趣。每个人都有深藏内心的渴望，希望能成为发现者、研究者和探索者。在学生的世界中，这种渴望尤为强烈。自主学习正是满足这一内在需求的过程，它让学生在体育学习中感受到自我价值，从而激发他们对体育活动的热情。

②培养学生的体育学习能力，奠定终身体育基础。通过自主学习，学生不仅能够掌握具体的运动技能，更重要的是学会如何学习体育。这种能力的培养对于建立"终身体育"的理念至关重要，使学生能在体育领域不断探索和发展，为未来健康生活打下坚实基础。

③提高体育教学实际成效。体育学习的效果并非仅取决于教师传授的知识和技能，更大程度上取决于学生自身的学习态度和方法。当学生在体育学习中充满兴趣、渴望学习并掌握学习方法时，他们能更有效地吸收和掌握所学内容，从而实现体育学习的预期效果。

（2）自主学习的特征

①独立性

在自主学习的过程中，学生根据自身条件和技术水平，独立设定学习目标，选择适合自己的学习内容和方法，并对学习成果进行自我评估。这种以自我为主导的学习方式，强调了学生的个体差异和个性化需求。

②主动性

自主学习倡导学生自我激励，积极参与学习活动。这种学习的动力源于学生对知识技能的渴求、对未知领域的探索，以及对自我能力提升的期望。在这种驱动下，学生能更自觉地投入到学习过程中，形成良好的学习习惯。

③创新性

在体育学习中，学生运用独特的思维方式和方法，创新性地解决问题，探寻提高体育技能和个人发展的新路径。这种创新能力的培养，不仅有助于学生在体育领域的发展，也为他们在其他领域的探索提供了宝贵的经验。

（3）自主学习的教学流程和步骤

①设定个人目标。学生需依据预设的学习目标，结合自身实际能力和水平，设定一个既具有挑战性又能实现的目标。这一目标应激发学生潜力，鼓励他们挑战自我。

②选择学习活动与方法。学生应运用现有知识和经验，自主选择并规划合适的学习活动与方法，以实现预定目标。这一环节强调学生在学习过程中的主动性和创造性，让他们根据个人特点制订个性化活动计划。

③自我评估。学生需根据学习目标，定期对自己的学习进展进行观察、分析和反思。这一过程有助于学生了解自己的成长和进步，并及时发现不足和问题，采取相应措施进行改进。

2. 探究式学习法

探究式学习是由教师指导学生选定研究课题，营造出模拟科研的环境。在这个过程中，学生独立地进行问题发现、实验操作、实地考察、信息收集与处理，以及观点的表达与交流等探索活动。这种教学方法不仅有助于学生掌握体育知识和运动技能，更在情感态度方面产生积极影响，尤其能够培养学生的探索精神和创新能力。

探究学习呈现出以下几个显著特征：

（1）高度参与性

在探究学习的过程中，每个学生都需要亲力亲为，参与实验、练习、调查、信息收集与处理，以及观点表达和交流等各类活动。这种身体力行的学习方式，极大地增强了学习的互动性和体验感。

（2）问题导向性

探究学习往往从一系列问题开始，这些问题旨在激发学生的好奇心和求知欲，引导他们主动投入到学习活动中。在解决问题的过程中，学生能更深入地理解学习内容。

（3）多元解题性

在探究学习中，一个问题可能存在多个答案或解决方案。这种开放式的结论有利于培养学生的发散思维和创新能力，让学生在探索多种可能性的过程中，学会多角度思考问题。

（4）实践导向性

探究学习强调通过实际行动来解决问题，学生不仅要在理论层面上理解问题，还需要通过实践活动来加深认识，从而增强对所学知识的理解和记忆。这种以实践为导向的学习方式，有助于将理论知识转化为实际技能。

在实施探究式学习策略时，以下几点至关重要：

①确保问题设计的合理性

体育教师在设计问题时，需充分考虑学生的知识储备和学习内容特点，确保问题既能激发学生兴趣，又能唤起他们的探究欲望。问题设计既要具有挑战性，又要适应学生的认知水平。

②激发学生的探索热情

教师应积极鼓励学生提问，勇于尝试新思路。即使学生在探究过程中出现失误或错误，教师也应保持宽容态度，给予正面反馈和支持。这种环境有助于学生建立自信，勇于面对挑战。

③发挥团队合作优势

在探究式学习中，教师要注重小组合作的重要性，鼓励学生群策群力，共同解决问题。团队协作不仅能弥补个人能力不足，还有助于促进学生间的相互学习和交流，提高整体学习效果。

④关注运动技能学习的特殊性

运动技能学习不仅是理解和记忆知识，更要掌握和运用这些技能。因此，在探究式学习中，教师需关注学生的身体条件和运动技能基础，合理安排活动，确保安全。同时，教师还应指导学生将理论知识转化为实践能力，解决实际操作中"会不会"的问题。

探究式学习方法的教学流程可分为以下几个阶段：

①问题导入

教师应根据学生的知识基础和当前学习主题，设计具有开放性和探索空间的问题，以激发学生思考，引导他们进入探究学习状态。

②小组合作，建立假设

教师提出问题后，组织学生分组，围绕问题展开讨论，提出各自的假设和解决方案。这一环节强调学生间的交流与合作，共同探讨解决问题的方法。

③实践验证

在教师指导下，各小组将提出的假设和方案应用于实际体育与健康活动，以检验假设的有效性和方案的可行性。此阶段注重通过实践体验来验证理论，加深理解。

④评估与反思

探究活动结束后，教师引导学生对整个问题的解决过程及结果进行评估和反思。通过讨论和分享，学生不仅可以总结经验教训，还能激发进一步探索的兴趣，培养批判性和创造性思维能力。

3. 发现式教学法

发现式教学法，又称问题导向教学法，是一种针对青少年好奇心和活跃心理特征设计的教学方法。这种方法以培养学生的创造性思维为首要目标，以问题解决为核心，借助结构化的教材内容，引导学生通过一系列探索步骤进行自主学习。对学生而言，发现不仅意味着探索未知领域，更重要的是通过个人努力和思考，积极获取知识。发现式教学法鼓励学生运用自身智慧，通过再发现的方式掌握新知识，从而实现主动学习。整个教学过程注重培养学生的独立思考和问题解决能力，使他们逐步形成自主学习的精神品质。

发现式教学法的实施可以分为以下三个阶段：

（1）引发好奇，设置问题情境

教师首先需创设一个充满疑惑和矛盾的问题情境，或提出一个具有挑战性的问题，激发学生的求知欲，让他们在探索和学习过程中，带着明确的问题意识去寻求答案。

（2）实践探索，理解基本原理

在确定探究方向后，学生通过反复实践锻炼，逐步理解并掌握动作技术的基本原理和方法。这一过程强调学生通过亲身体验来主动学习，而非被动接受知识。

（3）假设验证，讨论总结

教师引导学生提出假设，并通过实践活动验证这些假设。在此基础上，学生围绕动作技术的原理、方法以及讨论中的争议点展开深入讨论和辩论。最后，通过集体讨论，学生能够对所学内容达成共识，提炼出核心观点。这一过程不仅加深了学生对知识的理解，还培养了他们的批判性思维和团队合作能力。

在实施发现式教学法时，重点关注以下几个要素：

①唤醒提问意识。教师应通过提出吸引人的问题，激发学生的主动思考，共同营造探究氛围。有趣的问题情境能有效激发学生的学习兴趣和探索欲望。

②循序渐进，承前启后。教师要关注学生的知识经验和技能基础，提出适度挑战性的问题，引导他们从已知走向未知，逐步拓宽知识领域。

③巧设疑问，启迪思维。教师要在学生看似无疑处提出质疑，利用矛盾点激发学生思考，开启学生的思维，推动深度学习。

④由浅入深，条理分明。教学应遵循简单至复杂、具体至抽象的原则，采用渐进式方法，帮助学生深入理解学习内容，确保过程有序且易于接受。

⑤突出重点，突破难点。教师要指导学生发现问题的关键点，集中精力解决学习重点和难点，清除学习障碍，确保学习目标实现。

⑥激励创新，不断探索。教师应鼓励学生提出创新性观点和解决问题的新办法，

在完成探究任务后，留有悬念，激发学生不断探索的兴趣和动力，培养创新精神。

4. 合作学习法

（1）合作学习的定义

合作学习是一种旨在通过团队协作和个人责任相结合的方式，促进学生共同学习和发展的学习模式。在此模式下，学生分组或组建团队，共同完成特定任务，每个成员都承担明确的职责，互相支持、互助，以实现各自的学习目标。这种方法强调集体努力，旨在推动团队成员在学习和发展方面的进步。

（2）合作学习的特点

①成员间的相互依赖性

在合作学习小组中，每位成员都深知自己与其他成员及整个小组的利益紧密相连。大家同舟共济，共同承担学习责任。每个成员不仅要自我负责，还需关注并支持小组其他成员的学习进展。

②个人责任的明确性

小组内每个成员都承担具体任务和责任，小组整体成功取决于每个成员的付出与贡献。为避免"责任扩散"现象，即部分成员因缺乏明确职责而不积极参与，每位成员的职责必须明确。

③社交技能的培养

很多时候，学生合作受阻并非缺乏合作意愿，而是缺少有效合作技巧。因此，教师在传授学科知识的同时，还应指导学生掌握沟通、协调及解决冲突等社交技能，以促进小组内部良好合作。

④小组自我评估

为确保合作学习有效性，小组需定期回顾和评估成员间合作情况，包括任务分配、工作进展和团队氛围等。通过自我评估，小组能及时发现问题、调整策略，优化合作模式。

⑤小组构成的多样性

在组建合作学习小组时，应注重成员多样性，包括性别、背景、能力和兴趣等方面差异。这种多元化组合有助于激发创意、交流观点，带来更深层次、更广泛的学习体验。

（3）合作学习的教学流程和步骤

①平衡分组，确保团队协作

根据班级规模、场地和设备及学习内容，将学生分为6—8人的小组。各小组内部具备多样性，小组间则保持能力水平相近，以实现资源互补和技能共享。

②制定学习目标，明确方向

在教师指导下，让每个小组成员共同商讨并确定具体、可实现的学习目标，以激发学生积极性。

③选题与分工，各司其职

教师与学生共同探讨适合学生的课题，并确保小组内部合理分工，使每位成员明确任务与责任。

④开展合作，共享成果

在小组长带领下，围绕选定主题，小组成员团结协作，共同努力完成学习任务，实现个人贡献与团队合作的有机结合。

⑤交流互评，共同进步

学习任务完成后，各小组展开交流与反馈。教师与学生共同分析各组表现，分享学习成果，指出不足，并提出改进建议，促进学习的深度和广度。

⑥全面评估，关注发展

最后，从合作技巧、合作效果、学习愉悦度及个人进步等多个方面，对小组及个人表现进行全面评价并记录，既关注学习成果，也重视合作过程中的个人发展。

5. 领会教学法

领会教学法主要适用于球类运动的学习，以学生的认知活动为核心，重点指导学生理解和掌握球类运动的特点和战术。通过这种方法，旨在充实学生对球类运动的认知经验，使他们深入理解球类运动的规律。这种教学方法不仅注重技能的传授，更强调培养学生的理解和应用能力。

（1）领会教学法的特征

①凸显现代球类运动的全面性

现代球类运动是对运动员体能、技能和心理素质的全面考验。它不仅需要运动员熟练掌握各类技术动作，更要求他们在不同环境下灵活运用。因此，体育教学的核心不仅在于传授技术动作，更在于指导学生如何运用自如，避免生硬死板的动作。同时，还要让学生学会战术协同配合。

②强调战术理解与实际运用

该教学法的核心在于培养学生的认知能力和战术意识，重点是提升他们应对比赛复杂情况的能力。在教学过程中，教师需要根据学生个人特点，有针对性地教授技术动作，确保他们能够深入理解并灵活运用战术，而不仅仅是表面掌握技术动作。这种教学方法有助于学生在实际比赛中充分发挥技术和战术优势。

（2）领会教学法的教学环节

领会教学法是一种以实践为导向的教学方法，其主要包括以下六个教学步骤。

①项目导入

教师首先为学生揭示球类项目的起源、规则和主要特点，激发学生的兴趣，为后续学习打下基础。

②赛事分析

教师通过比赛视频或经典案例讲解，使学生对赛事流程和特点有直观认识，进一步熟悉比赛中可能遇到的各种情况。

③战术素养培养

教师指导学生学习基本战术概念和方法，通过分析比赛中的战术应用，提升学生的战术素养，使其能在比赛中作出明智决策。

④瞬间决策能力提升

教师通过模拟比赛情境，训练学生在短时间内作出正确判断和反应，强调快速思考和即时行动，使学生能在实际比赛中更加从容应对。

⑤技巧展示

教师或优秀学生进行技术动作示范，详细解析每个动作的关键点和注意事项，确保学生能够准确理解并模仿。

⑥实践操作

学生在教师指导下，进行实际操作，反复练习技术动作，直至熟练掌握并灵活运用。这一过程强调动手实践和反复练习，确保学生将所学知识转化为实际技能。

通过以上六个步骤，领会教学法旨在帮助学生全面掌握球类项目知识，提升赛事理解和实际操作能力。

二、优化体育教学方法及策略，提升学生运动技能与兴趣

（一）体育教学方法种类盘点

在体育教学中，我们主要运用两种教学方法：一是以学生自身感知体验为基础的方法，二是借助外部资源进行辅助教学的方法。基于学生自身感知体验的方法包括视觉、听觉、视听结合及触觉等多感官的学习方式。借助外部资源的方法则着重于利用运动场地、器材、设施和各种辅助工具来提升教学效果。

（二）应用"挂图"提升体育教学效果的方法与策略

采用直观的教学方法，如文字描述和图像展示，能有效增强学生对体育动作的认知。这种方法能帮助学生准确地理解运动动作的流程、技巧、要点及构成，明确动作顺序、动作特点，以及身体在空间和时间中的移动规律，从而更高效地学习和掌握动作技巧，提升学习质量；同时，这种教学方法还能激发学生对体育

运动的深层理解和兴趣，促进他们积极参与体育活动。

在体育教学实践中，为了充分发挥挂图这一教学辅助工具的优势，我们需要注意以下几点。

第一，在教学准备过程中，体育教师需对挂图的内涵、展示时机及方法给予仔细思考和规划，与教材准备同等重视。具体来讲，教师需明确挂图展示的内容，选择适宜的图片尺寸，确定最佳的摆放位置，并思考如何将挂图与运动技术讲解相结合，以及如何引导学生高效观察挂图。同时，教师还需预见挂图在解决运动技术难题方面的作用。所有这些问题都在备课阶段得到妥善处理，确保教师在课堂上自信满满，充分利用挂图提升教学成果。

第二，在选择挂图作为教学工具时，我们必须确保其具备针对性，全面考虑体育教学的目标、内容及具体需求。设计挂图时，应聚焦重点，完整展示运动技术的全过程，并特别突出核心技术要素。通过图文结合，运用丰富的色彩效果，可以使挂图内容更具生动性、准确性和易于理解，从而实现更好的视觉传达效果。这样一来，学生能更直观地掌握运动技术，同时也能激发他们的学习兴趣和积极性。

第三，在学生观察挂图的过程中，教师应确保他们有充足的时间去仔细研究图片和文字。针对挂图内容，教师应以简洁明了的方式进行讲解。这样的教学方法不仅有助于学生更好地把握运动技术的重点和难点，还能提高他们的思维能力，引导他们主动探索和领悟技术要领。通过这种互动式的教学方式，学生的学习效果和兴趣得以有效提升。

第四，为了增强学生的记忆效果，我们可以将文字表述转化为口诀或顺口溜，以简洁明了的语言呈现重要信息。这种方式既能让复杂知识点变得简洁明了，又能在学习过程中增添乐趣，从而提高学生的学习效率。

第五，在教学过程中，教师需对挂图的位置和运用时机做好预案。挂图应放置在既能被全体学生清晰可见，又不会因距离过远而影响观察效果的地方。一旦使用完毕，应迅速移至不影响学生练习的位置，防止分散注意力。至于挂图的运用时机，教师可在完成动作示范后，结合挂图进行详尽解读，或在课程初始时用以突出关键技术要点和需求，从而提高学生对技术细节的注意力。通过这样的安排，确保挂图在教学中的实用性和有效性。

（三）运用多媒体技术提升体育教学效果的方法与策略

随着社会的快速发展和科技的进步，多媒体技术已广泛应用于各行各业，其中包括高等教育领域。各种教学软件的出现，为各学科教学提供了高效便捷的新方式，如语文、数学、化学、英语等学科。实践证明，多媒体教学在这些学科中的应用效果显著。然而，在体育教学方面，多媒体教学的应用却相对较少，甚至有人认为体育课与多媒体教学方式不太相符。诚然，体育课以户外活动为主，实践操作性强，身体训练是其核心内容，这使得多媒体教学在体育教学中面临诸多挑战。然而，随着技术的发展和教育理念的更新，探索多媒体技术在体育教学中的创新应用，仍是一个值得研究的课题。我们期望通过这种方式，克服现有的局限，为体育教学注入新的活力。

当然，过度依赖多媒体教学在体育教学中既不现实，也不合适。这主要是因为体育学科注重实际操作，仅通过视觉学习难以掌握复杂的运动技能。然而，完全摒弃多媒体教学也是一种极端态度，不利于教学方法的多样化和现代化。实际上，我们可以在需要时灵活运用便携式设备，如笔记本电脑，即时播放相关视频，帮助学生快速理解技术要点，缩短理论与实践之间的距离。现代多媒体技术已远超传统教学工具，如广播、录音机、节拍器、手鼓等，它能整合视觉、听觉等多种教学资源，为学生提供丰富、直观的学习体验。因此，在体育教学中适度引入多媒体手段，不仅不会削弱体育课的操作性特点，反而能为教学带来新活力，促进学生更好地掌握运动技能。多媒体教学在体育领域的应用前景广阔，是一个值得深入探索和发展的方向。

（四）"学习卡片"在体育教学中的应用

"学习卡片"是一种专为帮助学生理解运动技术要领、掌握教学目标、重点与要求而设计的教学工具。与正式教材相比，学习卡片更具临时性，便于在课堂教学中即时反馈，特别适合低年级学生。作为直观教学方法之一，学习卡片与挂图原理相近，但在实际应用中存在明显差别。学习卡片以其便携、每人拥有个性化卡片、针对性学习任务等优势，能有效吸引学生注意力。然而，学习卡片也存在不足，如容易导致遗忘或随意丢弃等。

总体而言，挂图和学习卡片各具优劣。挂图适合集体展示，有助于把握教学全局；学习卡片则适用于个人使用，便于实现个性化学习。在选择教学工具时，应充分考虑学生年龄特点和实际学习需要，以实现最佳教学效果。

学习卡片形式丰富多样，尺寸各异，主要以便携的卡片形式呈现。它们的主要功能表现在以下几个方面：

1. 适用于辅助学习的优质资源

体育教师可以依据教材特点，在学习卡片上为学生提供关键信息，如动作要领、动作图解、口诀及技术重难点等。这些辅助材料能帮助学生更准确地理解和学习运动技术的核心要点和特点。特别是卡片上对技术难点的突出标注，可以有效地引导学生关注重要的技术环节，从而加深他们对这些要点的记忆和理解。这种方式不仅提升了学生的学习效率，同时也增强了他们在实际操作中的准确性和规范性。

2. 分层教学目标指导下的教学策略

针对学生个体差异，教师可以量身定制学习目标和要求，助力学生在成长道路上明确目标，提高目标意识。结合预期目标，教师应适时给予反馈与评价，定期检查学生在不同阶段的目标实现进度，实施有效的过程管控。这种方法不仅有助于学生不断进步，还能让他们在学习过程中保持饱满的热情和明确的导向。

3. 聚焦问题思考，探讨解决方案与策略

一些抽象的概念，如合力、力矩、向心力、离心力、抛物线等，教材中的阐述往往不够详尽，单纯依靠教师的口头讲解也难以让学生深入理解。若将这些内容以公式和实例的形式编写成学习卡片，不仅能帮助学生更直观地领悟这些概念，还可以通过精讲多练的方式加强记忆。这样一来，学生在遇到这类抽象问题时，可以借助学习卡片获得及时的帮助，从而提高学习成效。

（五）优化体育教学中场地设备的应用策略

在体育教学的各类活动中，场地和设备作为基础硬件设施，是高校投入较大的一部分。但出于安全考虑，一些如单杠、双杠、跳高等项目的教学往往被回避，导致众多优质的场地器材未能得到充分利用，造成了资源浪费。为了最大限度发挥这些设施的价值，体育教师应积极探索并采取措施，将场地器材合理地应用于体育教学和锻炼中。通过加强安全管理和技术指导，不仅能够激活闲置资源，还能丰富教学内容，提升教学质量和学生的体育技能水平。

第四节　高校体育教学过程的优化

一、体育教学过程中的理论与实践探讨

体育教学过程是精心策划和实施的一系列教学活动，其目的在于实现体育教学目标，帮助学生掌握体育知识及运动技能，同时接受体育道德和行为规范的教育。这一过程涵盖了从学段、学年、学期到单元和课时等多个时间层面，每个阶段都设有特定的教学计划和目标，共同构建起一个完整的教学体系。通过这种系统化的教学安排，学生能在不同时间框架内有序学习和发展，从而全面提升体育素养。

二、体育教学过程中的特点与属性

（一）培养学生掌握运动技能的历程

高校体育教学的核心目标是帮助学生掌握运动技能，这也是其独特之处。从

根本上讲，体育教学通过不断地实践，让学生不仅熟练运用运动技能，同时也接受体育道德和行为规范的教育。这与其他学科的教学方式形成鲜明对比，后者更侧重于让学生记忆概念，通过推理和判断等思维方式掌握科学知识，进而促进智力发展。因此，高校体育教学过程可以理解为一个通过实践操作，让学生逐步掌握运动技能，并在这一过程中全面提升自身综合素质的教育过程。

（二）提升学生运动素质与素养

掌握运动技能的根本在于提升运动素质，特别是大肌肉群的运动能力。运动技能的掌握与运动素质的提升之间存在良性互动的关系。因此，高校体育教学过程应被视为一个不断优化学生运动素质，进而增强学生体能的过程。在此过程中，教师不仅要关注学生运动技能的习得情况，还需注重运动素质的提升。在制定高校体育教学方案、编排教学进度和选择教学内容时，应将运动技能与运动素质的提升紧密结合起来，确保二者的协调发展。通过这种综合性的教学策略，能更有效地推动学生全面发展。

（三）知识掌握与运动认知的双重塑造

体育学科是一门融合了自然科学与人文科学的综合性课程。在高校体育教学中，我们不仅强调运动技能的培养，同时也引导学生学习相关知识，以深化对运动的认知。这些知识与认知就是掌握运动技能和提高运动素质的基础。因此，高校体育教学不仅仅是一个推动学生运动技能提升的平台，更是一个助力学生掌握体育知识与运动认知的途径。

在体育教学活动中，学生通过理论学习与实践操作，既能提升运动技能，也能增进对体育文化的理解与认识。这种综合性学习体验为学生提供了全面发展的契机，让他们在掌握运动技能的同时，也拥有广泛的知识背景和较强的认知能力。因此，高校体育教学的本质就是运动技能、运动素质与体育知识、运动认知的共同提升。

（四）团队合作与共同思考的实践领域

高校体育教学主要采取"集体学习"与"小组学习"的方式，这是因为大部分体育项目本身就要求团队合作或小组协作。因此，体育技能的学习也应在集体学习和集体思考的氛围中展开。如今，高校体育教学目标愈发注重集体学习，以充分挖掘集体教育的潜能。通过集体学习和思考，不仅加强了教师与学生、学生与学生间的沟通与互动，还能有效提升学生的社会适应能力和社交技巧。因此，高校体育教学过程可以视为一个推动学生集体学习和集体思考的过程，有助于学生在团队环境中全面发展。

（五）体验运动乐趣的过程

从生理学角度来看，学生在体育学习过程中所经历的汗水、疲劳和艰辛，实际上是对身体进行生物学改造的过程。这也正是学生从身体和心理两个层面体验运动固有乐趣的过程。这种乐趣不仅彰显了体育运动的生命力，也是高校体育教学的重要内容与目标，更是培养学生体育参与意识的重要途径，为终身运动的开展奠定了基础。因此，我们可以将高校体育教学过程理解为引导学生体验运动乐趣的过程，这对于激发学生体育兴趣和保持长期参与至关重要。

三、体育教学过程中面临的核心挑战与问题

在体育教学过程中，主要存在着三对矛盾。首先，体育教师的指导与学生的学习之间存在矛盾；其次，体育教师与教材之间也有矛盾；最后，学生与教材之间也存在矛盾。其中，最突出的矛盾当属体育教师的指导与学生的学习之间的矛盾。

在高校体育教学中，体育教师和学生构成了两个核心主体，这使得教师的教学与学生的学习之间产生了双边互动的矛盾。这一矛盾贯穿于教学过程的始终，并对其他矛盾的存在和发展起到主导作用，成为推动高校体育教学不断进步的动力源泉。解决这一核心矛盾，能有效促进教师与学生之间的互动与合作，进而提升整体的教学效果。

四、体育教学过程的作用与意义

高校体育教学过程本质上是认识与实践相结合、协同发展的活动过程，其核心目标是推动学生全面发展。换句话说，高校体育教学的主导作用在于促进学生身心各层面的和谐发展。深入了解和挖掘高校体育教学过程的多重功能，将有助于更有效地实现教学目标。高校体育教学过程的功能主要表现在以下几个方面。

（一）体育教学过程中的教育意义

体育教学过程不仅致力于提升学生的知识储备和综合能力，还能悄然塑造他们的思想情感、道德品质和精神风貌。因此，体育教师应巧妙地将知识传授与人格培养相结合，充分发挥体育教学的教育潜能，助力学生思想品质和道德素养的提升。通过这种方式，体育教学不仅能助力学生掌握运动技巧，还能在德育领域发挥重要作用，推动学生全面协调发展。

（二）体育教学过程中的知识传播作用

体育教学过程是有目的、有组织、有计划的，通过这个过程，体育教师能系

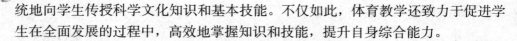

统地向学生传授科学文化知识和基本技能。不仅如此，体育教学还致力于促进学生在全面发展的过程中，高效地掌握知识和技能，提升自身综合能力。

（三）体育教学过程中的智能培养

智力活动的核心在于知识，而学习和应用知识的过程实则是对大脑的锻炼和能力的提升。进一步而言，通过技能的塑造，可以大幅度简化智力活动，从而使智力水平的提升更为迅速、高效且经济。

（四）体育教学过程中的美学价值体现

在体育教学过程中，"美"作为一种教学艺术和手段，渗透于各个环节。通过多种美的形式，学生能更好地吸收教师传递的教育信息，同时享受到愉悦的美感，缓解学习带来的压力。此外，这种美的体验还有助于培养学生良好的审美品位、观念和能力。因此，"美"不仅提升了体育教学效果，还能促进学生全面发展。

（五）体育教学过程中个体发展特色的探讨与实践

发展个性的核心在于知识的传授、智能及技能的培养。在充分考虑学生个体生理条件和经验背景的基础上，我们有望见证他们构建独特的知识体系、鲜明的智能特质和出色的技能特长。通过这一系列个性化的发展路径，学生将为自己的人格成长奠定坚实基础。从而，在学术进步的同时，每个学生都能在个性和特长方面获得全面发展。

五、与体育教学过程相关的理念和实践

（一）体育教学过程与体育教学原则

体育教学过程与体育教学原则之间紧密相连，但它们分属不同的概念范畴。它们的关系主要体现在以下几个方面：

1. 体育教学原则为体育教学过程提供了基本遵循；

2. 体育教学原则是提升体育教学质量的关键要素；

3. 体育教学原则贯穿于体育教学过程的各个层面。

尽管如此，体育教学过程与体育教学原则之间仍存在明显差异，具体体现为：

1. 体育教学过程涉及时间与流程，而体育教学原则关注的是教学要求；

2. 体育教学过程可分为不同阶段，各阶段有各自的重点，而体育教学原则则贯穿整个教学过程；

3.体育教学过程与教学内容紧密相连，体育教学原则则更多地关注教学方法。认识这两者之间的联系与区别，有助于我们更深入地理解体育教学的本质，从而提高教学成效。

（二）体育教学过程与体育教学模式

体育教学模式是一种基于特定教学指导思想设计的单元和课时教学过程结构。它具体表现为一系列富有特色、时长各异的教学过程设计及其方法体系。体育教学过程与体育教学模式之间存在一种"抽象"与"具体"的关系，即具有独特性的教学过程设计及方法体系构成了体育教学模式。这些模式不仅体现了教学的指导思想，还为实际教学提供了可行的操作框架。

（三）体育教学过程与体育教学设计

体育教学设计，从根本上说，是体育教师对教学过程的规划和设想。在体育教学的各个环节中，都隐含着特定的教学设计。这种设计既是教学过程的一部分，又是保证每个教学步骤都能达到预期目标的有力保障。因此，体育教学设计不仅是教学过程中的重要组成部分，更是确保教学活动顺畅进行的基础。

（四）体育教学过程与体育教学计划

体育教学计划是体育教学过程的设计蓝图，通常以书面形式呈现。它们之间存在一一对应的关系，如学期体育教学计划对应学期体育教学过程，单元体育教学计划对应单元体育教学过程，学时体育教学计划对应学时体育教学过程等。这种对应关系确保了每个教学环节都有明确的规划和设计，从而保证教学活动的有序开展。

（五）体育教学过程与体育课堂教学

体育课堂教学，即单课时内的体育教学活动，作为体育教学过程的基本时间单位，其各项因素与体育教学过程紧密相连，共同构建起体育教学过程的主要组成部分。此外，体育课堂教学还为我们观察和分析体育教学过程提供了最佳视角。借助这一视角，我们可以全面深入地了解和评估教学活动的各个环节，进而确保教学效果的优化提升。

六、高校体育教学过程的优化分析

（一）教师方面

为了充分激活体育教师的主体能动性，在体育教学的整个过程中，我们需要确保教师的主导地位得到切实发挥。在体育教学中，教师作为教学的核心，其主

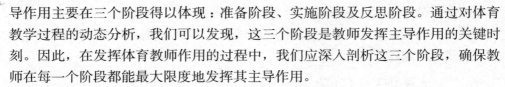

导作用主要在三个阶段得以体现：准备阶段、实施阶段及反思阶段。通过对体育教学过程的动态分析，我们可以发现，这三个阶段是教师发挥主导作用的关键时刻。因此，在发挥体育教师作用的过程中，我们应深入剖析这三个阶段，确保教师在每一个阶段都能最大限度地发挥其主导作用。

1. 体育教学的准备阶段

在体育教学的准备阶段，我们需要依据体育教学理论和现实条件，来规划、安排和确立教学过程、目标及评价等要素。通过对体育教学方案的优化设计，可以确保整个教学过程的高效性和合理性。

2. 体育教学的实施阶段

体育教学的实施阶段是组织和管理教学活动的核心环节，也是具体落实教学目标和教学方案的过程。这一阶段是体育教学过程中的重要组成部分，体育教师在此阶段需承担多项职责，如激发学生学习兴趣、指导并组织学生的学习活动等。因此，优化体育教学实施阶段的管理和组织，对于提升整个教学过程的质量和效果具有重要意义。通过高效的管理和组织，可以确保教学活动的顺利进行，实现预期的教学目标。

3. 体育教学的反思阶段

反思阶段是体育教学过程的最后一个环节，主要围绕教学效果的评估与反馈展开。这一阶段的目标是检查和衡量教学活动是否达到了预期效果，并为下一阶段的教学提供有益的反馈。教学评价是实现这一目标的重要手段，它能够客观地检验教学活动的成果，并为优化教学活动提供重要依据。体育教师有责任进行科学、合理的教学评价，以便不断调整教学策略，确保教学活动不断改进和优化。通过反思阶段，教师可以准确把握教学效果，为提高教学质量提供有力保障。

（二）学生方面

在我国的基础教育改革中，强调以学生为主体的新型教育理念。在体育教学中，学生应居于主体地位，充分激发他们的主观能动性，让他们参与教学内容的确定，满足他们的学习动机、兴趣和愿望。通过实施体育训练，有助于提升学生的运动能力、积累运动经验及提高运动技能。在体育教学过程中，只有全面促进学生主动性、创造性和独立性的发展，才能确保他们更好地掌握体育知识和技能，增强自身能力，形成合理的主体结构。

（三）优化体育教学内容设计

体育教学内容是学生学习的核心素材，其设计目标在于推动学生主体活动的展开，并激发他们的体育学习热情。为了实现这一目标，教学内容的规划应全面考虑学生的思维、观察、体验、练习、互动和探索等多方面需求，确保内容的全面性和综合性。通过这样的优化设计，学生的参与度和学习成效将得到显著提升。

（四）优化体育教学过程的控制、管理及评价

体育教学过程的控制、管理和评价，应以体育教学目标和教学效率为核心指标，确保各项控制和管理活动有序、有目标、有计划地进行。同时，要兼顾教学速度和教学时间等因素，力求在资源消耗较低的情况下，取得良好的教学效果。总的来说，体育教学过程的优化需与教师教学活动的科学组织和学生学习活动的有效开展紧密结合。具体而言，需要科学地筹划教师的教和学生的学这两大活动，全面考虑体育教学的规律、方法、模式，以及教学的内外部条件。从既定目标出发，充分发挥体育教学过程的优势，取得最优教学效果。

第五章　现代高校体育教学与运动训练模式的创新与发展

第一节　高校体育教学与运动训练之异同及互补性探究

一、体育教学原则

体育教学原则是在长期的体育教学实践中，通过反思和总结成功与失败的经验教训，逐步探索出的规律。这些原则揭示了体育教学的客观规律，并贯穿于教学全过程，指导教学的各个方面，如教学计划制订、教学内容和方法选择、教学组织形式运用、课程负荷安排及教学质量评估等。随着对体育教学原则的深入研究和理解，这些原则并非一成不变。相反，它们应随社会进步和教育环境变化而不断调整和完善。为此，体育教学原则需与时俱进，适应不断变化的学生需求，确保体育教学始终保持高效与科学性。

（一）体育教学中的快乐原则

快乐体育教学原则是多年理论研究和实践探索的结晶，其核心理念是从学生的兴趣出发，丰富他们的体育情感，提高身体素质，塑造健全的运动人格，培养体育爱好，并使之形成稳定的体育行为习惯。这一教育思想以学生浓厚的兴趣为基础，通过培养他们持久的意志力，帮助他们掌握一两种终身受益的运动技能，从而保持良好的情绪，获得快乐的成功体验。

1. 以人为本，量身定制教学方案

快乐体育教学原则的核心指导思想是将外部要求转化为内在动力，以"乐学"为支撑点，通过培养学生的良好心理素质，促进他们健康且富有个性的发展。这一原则以全面育人为出发点和归宿，旨在让学生成为课堂的主人，实现教师主导与学生主体的有机结合。它强调从情感教学入手，激发学生的乐学和好学精神。教师应充分适应学生的需求，因材施教，积极鼓励和引导学生通过锻炼身体、磨炼意志、陶冶情操，实现身心全面和谐发展。

2. 多元灵活，愉快传授，探索教学新境界

在快乐体育教学原则的指导下，教师应运用丰富多样的教学方式，让学生体验到运动的乐趣。这包括将体育活动与趣味游戏相结合，形成独特的教学策略，以及将我国丰富的民族传统体育项目融入课程。针对学生的不同水平，实施分层次教学，并通过小组形式提供个性化的指导和帮助。同时，倡导创新教学，如在武术和健美操教学中，先教授基础动作，再鼓励学生发挥创意，设计个性化的组合动作或舞蹈。此外，还应积极采用分组合作、挑战性比赛、游戏化教学，以及主题教育活动等多元化方法，促进学生全面发展。这些措施不仅能提高学生对体育的兴趣，还能有效提升他们的团队协作和创新能力。

3. 和谐融合，协同共进

在体育教学中，运动技能的学习与享受运动乐趣之间存在着相辅相成的关系，二者需紧密结合，相互促进。一方面，有效的体育教学不仅要使学生掌握必要的运动技巧，还要确保他们在学习过程中感到快乐，从而提高他们参与体育活动的积极性。对于那些技术难度较高且可能缺乏吸引力的项目，教师可以通过增加趣味性的元素来激发学生的兴趣，如设置有趣的小游戏或挑战任务，让学习过程变得更加生动活泼。

另一方面，虽然增加课堂的趣味性至关重要，但也不能因过度追求娱乐效果而忽视了技能训练的核心目标。毕竟，扎实的运动技能是学生能够真正享受体育活动的前提。当学生掌握了足够的技能后，他们会更容易感受到成功的喜悦，这种正面的情感体验又会反过来激励他们更加主动地学习新的技能，形成一个良性循环。

因此，在体育教学实践中，教师需要找到一个平衡点，既保证技能训练的有效性，也不失学习的乐趣。只有当运动技能的学习与享受运动的过程达到和谐统一时，才能真正实现体育教学目标——培养学生的健康体魄和积极向上的生活态度。这就要求教师在设计课程时，既要考虑如何有效地传授知识和技术，也要思考怎样创造一个充满活力、积极向上的学习环境。

（二）合理调整生理与心理负担原则

在体育教学中，学生的身心全面发展离不开合理的生理和心理负荷调控。这不仅关乎他们承受适宜的锻炼强度，还关乎心理压力的适度关注。为实现这一目标，首先要认识到每个学生的个体差异，制订教学计划时需提供个性化指导。其次，教师应运用科学方法评估学生现状，逐步调整运动量，避免过度训练带来的身心疲惫和损伤。此外，营造支持性和鼓励性的学习环境也至关重要，有助于缓解学生心理压力，增强自信和参与度。

1.依据教学目标、学生特质和教材特点，优化课程安排以调整生理负荷

在体育教学中，新授课与复习课的生理负荷应各有侧重，以满足不同教学目标的需求。同时，考虑到学生性别、年龄、健康状况等个体差异，以及教学比赛注重专项技能的特点，训练安排必须具有针对性，以在比赛中取得佳绩。因此，教师在规划生理负荷时，应采取差异化策略，确保每位学生都能接受适合自己的训练强度。

针对不同类型的体育教材，教师需根据教材特点合理安排训练内容。例如，力量训练与耐力训练对身体要求不同，前者关注短时间内爆发力的提升，后者强调持久性的增强。在设计训练方案时，应充分考虑这一点，为学生提供多样化练习机会。

此外，在制订生理负荷计划时，教师还需综合考虑学生的生活习惯、饮食营养状况、日常体力活动情况，以及所在地区气候特点、训练场地环境条件等因素。例如，良好的营养能为高强度训练提供能量支持，适宜的气候条件有助于提高训练效率，舒适的训练环境有助于学生保持最佳状态。

2.平衡生理负荷量与强度，实现健康与工作效率的优化策略

在体育教学中，如何合理安排生理负荷量与强度，使之相互协调，逐步提升，是至关重要的。初期，我们应侧重于增加负荷量，使学生逐步适应。待学生适应新的负荷后，我们便可适度提高训练强度。在这个过程中，我们需要注意，当增加负荷量时，应适度降低强度，确保学生能够平稳过渡；反之，提高强度时，则需相应减少负荷量。这种方式使得负荷量与强度之间达到动态平衡，即交替上升与下降，从而有效提升学生的负荷适应能力，逐步增强其体能。这种方法不仅能避免过度训练带来的风险，也能确保学生在安全的环境中稳步提升，最终实现训练目标。

3.表面数据与内部数据在生理负荷处理中的协调与应用

运动动作的表现，如训练量和强度，被称为表面数据，而它们在体内引发的生理和生化变化则构成内部数据。通常，表面数据与内部数据保持一致。然而，由于个体体质和训练水平的差异，相同的表面数据在不同学生身上可能引发不同的内部数据变化。因此，在评估生理负荷效果时，关键在于将表面数据和内部数据综合分析，以获得全面评价。这要求教师不仅要关注学生的外在训练量和强度，还要考虑这些训练对他们内在生理状态的影响，以便更精确地了解实际训练效果，并据此制订更科学的训练计划。

4.实施生理与心理负荷的评估、统计与分析工作

在评估体育教学质量时，我们需要全面关注学生的生理和心理负荷，以实现对教学的全面且客观的评价。为了达到这一目标，我们在控制负荷量时必须有科

学的依据，确保每次训练的每个环节、每组训练的负荷都尽可能地适应当前学生的生理和心理条件，以最大限度地提升他们的训练效果。这意味着，我们在制订训练计划时，不仅要精确计算并控制生理负荷，使之符合学生的身体发育需求，同时也要重视心理负荷，营造一个积极向上的训练环境，帮助学生克服心理障碍，发掘自身潜能。只有通过这样的综合考量和精心设计，我们才能确保体育教学不仅能提升学生的身体健康水平，还能促进他们的心理健康和个性化发展。

二、运动训练的基本原则

运动训练原则虽然有多种解释和表述方式，但都有一个共同点，那就是它反映了运动训练过程中的客观规律，是组织和管理训练活动时必须遵循的准则，对所有类型的训练活动都有普遍的指导意义。换句话说，教学和训练在同一过程中相互融合，密不可分。通常，训练关注技能提升，而教学则关注从无知到有知、从不会到会的过程。科学的运动训练不能脱离或违反教学的基本原则。

接下来，我们将探讨一般训练与专项训练相结合的原则以及个性化定制原则。一般训练的目标是全面提升运动员的基本能力，而专项训练则专注于特定项目所需的技术和战术能力。结合这两种训练的原则强调，在运动员的整体发展中，既要重视基础能力的培养，也要关注专项技能的提升。通过这两者的有机结合，可以促进运动员的全面发展。个性化定制原则则指出，鉴于每位运动员的个体差异，如身体条件、技术水平、心理素质等，训练计划应根据个人特点进行调整，确保每位运动员都能在最适合自己的训练环境中不断进步。合理运用这两项原则，对提高训练效果和优化运动员表现具有重要意义。

（一）一般性与专业性训练相结合原则

为了强化大学生的专业技能，我们应采用一种综合训练策略，这种策略将一般性训练与专业性训练融为一体。一般性训练通过多样化的体育活动和方法，旨在提升大学生的身体机能，全面提高他们的素质，优化体态，并使他们掌握一些与专业无关的运动技巧和理论知识，为他们的强健身体素质打下坚实基础。

专业性训练则根据不同项目的特点，采用先进的训练手段，明确目标。例如，在面对艺术体操、各类球赛以及田径等技术要求较高的运动时，我们应着重进行那些能促进灵活性、协调性和柔韧性发展的练习，从而有效提升运动员的技术水平、战术理解和技术素养。

一般训练和专业训练之间存在紧密关联，前者为后者奠定基础，后者则追求卓越表现。尽管两者最终目标一致，但各自扮演不同角色，相互补充，形成不可分割的整体。在实际训练中，二者往往交织在一起，难以区分。这种结合不仅促进运动员全面发展，还确保他们在特定领域的高水平表现。

1. 促进器官间的协同作用

运动训练中，通过施加运动负荷，刺激身体产生适应性变化，这些变化相互关联，互相影响。采用多样化的一般训练内容和方法，既可弥补专业训练的不足，又能促进大学生体内各器官系统的协调发展，全面提升身体机能。这为他们在运动场上取得优异成绩奠定了坚实基础，同时确保专业训练顺利进行。这种训练方式有助于运动员在保持身体健康的同时，不断提升竞技水平。

2. 动作技能的相互转化与应用

大学生掌握动作技能的本质在于条件反射的建立，即在大脑皮层中形成临时性的神经连接。随着这些临时性神经连接的数量增加且变得更加稳定，新神经连接的建立将变得更加容易。这就解释了为什么大学生在已有动作技能丰富且扎实的情况下，学习新技能会更加迅速和轻松。特别是在动作结构和特点相似的练习中，这种正面的技能迁移效果尤为显著。这一现象表明，通过不断积累和巩固现有技能，可以有效推动新技能的学习和掌握，从而在相关领域实现技能的高效提升。

3. 运动素质之间的相互影响与制约关系

运动素质的提升并非孤立进行，而是相互影响、相互促进的。比如，大学生若腿部力量不足，其速度素质的提升就会受到直接影响。此时，加强下肢力量训练就成为提升速度的关键。反之，速度素质不佳的学生，通过强化力量训练，特别是爆发力训练，也能间接改善速度。此外，专业素质的提高在很大程度上取决于基本素质的全面提升。这意味着，若想在某个领域达到高水平，首先要保证身体各机能的均衡发展。这种相互依赖的关系凸显了全面训练的重要性，以支持运动员在各个方面的持续发展。

4. 一般训练对专项训练的调控作用

专项训练主要针对特定运动动作进行，但过度专注于此类训练，特别是长时间重复同一练习，容易使人感到枯燥，同时可能引发身体部分负担过重和神经系统疲劳。在跑步、游泳、速度滑冰等周期性运动项目中，这种情况尤为明显。为解决这些问题，我们可以将一般训练内容融入其中，这样既能缓解上述问题，又能提升专项训练的质量和效果。这种方法不仅能够避免训练过程中的单一性和过度疲劳，还能促进运动员整体素质的提升，从而在专项技能上取得更好的进步。

（二）差异化对待原则

在运动训练中，差异化对待原则强调根据各项专项特点、个体差异、训练状态、任务需求和训练条件，灵活调整训练计划。这就需要为每位大学生量身定制个性化的训练方案，选择适合的训练内容，并合理规划训练强度。这样做不仅能适应各类运动员的实际情况，还能提高训练效果，激发个人潜能，实现效益最大化。

1. 共性与个性的和谐共生与发展

虽然各个运动项目有各自的特点和演变规律，但它们都体现了体育训练中的通用原则。在团队运动中，个人技能的提升是集体进步的重要因素，因此，个人训练不应被忽视，而是集体训练的有力补充。以排球运动为例，队伍中可能存在扣球技巧欠佳和接发球准确性不足的队员。为了解决这些问题，在开展集体训练的同时，加入针对个人短板的个性化训练计划，可以有效提升每位队员的技术水平。在进行个性化训练时，确保其与团队整体训练计划协调一致，以实现最佳的训练效果。

2. 精准施策，突出重点

高校的课外运动项目中，田赛训练因为学生众多，教练资源有限，可以采取小组合作的方式进行日常训练，比赛前夕再集中精力强化参赛队员的训练。径赛训练则依据项目特点调整，如短跑强调爆发力和步频，中长跑注重速度和耐力，马拉松则看重持久的耐力。运动员应根据所参与的项目，明确自身需要发展的体能素质。以马拉松为例，强健的腿部肌肉与关节耐力以及强大的心肺功能是必备的。这两方面的能力相互促进，又相互制约。训练过程中，针对薄弱环节进行专门训练非常重要。如腿部耐力不足，可通过增加长距离跑步、山地跑或越野跑来改善，同时注意保持适宜的心率和呼吸节奏，以延长跑步时间。心肺功能的提升可通过间歇跑、快速山地跑和越野跑来实现，这些训练需控制跑步速度，使心率达到较高水平。此外，应灵活安排身体训练和技术训练，在不同课程或同一课程的不同阶段，初期侧重身体素质提升，后期转向技术技能精进。这种安排有助于运动员全面发展，为比赛做好准备。

三、高校体育教学与运动训练的区别

（一）体育教学与运动训练的概念区分

运动训练本质上属于竞技体育领域，其主要目的在于通过系统化训练，激发大学生的体育潜能，助其在比赛中发挥最大实力，夺取佳绩。这一过程不仅凸显了竞争的核心价值，还包含着三层深层含义：首先，运动训练的指向是助力大学生实现个人最佳表现；其次，训练必须严格遵循竞赛规则和制度；最后，训练过程也是挖掘和提升大学生体育潜能的重要阶段。相较之下，体育教学作为高校教育体系的重要组成部分，其目标更为基础且广泛。体育教学的本质并非仅传授学生基本体育技能，更为重要的是通过体育活动提升学生的身体健康水平，培养他们的理解力、创造力及自我学习能力。体育教学的根本目标在于引导学生形成积极的体育生活态度，树立终身参与体育活动的观念，从而促进他们全面健康发

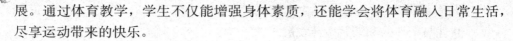

展。通过体育教学，学生不仅能增强身体素质，还能学会将体育融入日常生活，尽享运动带来的快乐。

（二）高校体育教学与运动训练的特征对比

运动训练的特征主要体现在三个方面：首先，它运用多元化的方法和技术，包括专业的场地和先进的体育器材，旨在充分激发大学生的运动潜能，并通过高强度、高负荷的训练提升运动员的成绩；其次，由于各种运动项目具有独特的比赛形式和规则，训练方法也因此呈现出多样性，每个运动项目都有其专门的训练策略，以适应比赛特点；最后，运动训练的对象通常是具备一定运动天赋的大学生，他们有着较高的起点和更大的提升空间。

与此形成鲜明对比，体育教学的特征体现在以下几个方面：首先，它面向全体在校生，无论身体状况如何，都能参与体育活动，享受平等的锻炼机会；其次，体育教学强调全面发展理念，旨在提升学生身体素质的同时，通过体育活动培养他们的终身体育意识，促进心理健康，提升思想道德品质；最后，体育教学重视学生的主体地位，采用多元化的教学模式，使学生能将理论知识转化为实践技能。在体育活动中，学生不仅能够发挥主观能动性，还能逐渐养成良好体育习惯，形成积极体育观念。

（三）高校体育教学与运动训练的目标差异

运动训练和体育教学在目标、组织活动和教学方法上存在明显区别。运动训练的主要目标是帮助大学生在比赛中创造佳绩，挑战自我，争取冠军，强调系统性和专业性。而体育教学旨在通过各种体育活动，促进学生身心健康，增强体质，让学生在运动中获得乐趣，形成积极的情感体验，注重全面普及和个体差异。运动训练对教学质量和效果有较高要求，针对选拔出的具有较高身体素质和基础的大学生。体育教学则面向全体学生，着重推广体育知识和技能，助力每位学生提升身体机能，培养健康的生活习惯和积极的体育精神。因此，在组织活动和选择教学方法上，运动训练注重竞技性和特殊性，而体育教学更强调普及性和适应性。

四、高校体育教学与运动训练的共通之处

（一）体育教学与运动训练同为教育活动

虽然体育教学与运动训练在诸多方面有所不同，但本质上，它们皆为教育活动的组成部分，涉及教育者与学习者之间的互动。在这一过程中，学生或运动员成为核心焦点，教练或教师则扮演引领与辅助的角色。在运动训练中，教练需全

面考虑各种因素，精心制订科学合理的训练计划；而在体育教学中，教师则根据预设的教学目标和课程标准，合理安排教学内容，确保教学活动顺利进行。

（二）体育教学与运动训练均高度重视学生的身体健康

在体育教学和运动训练中，关注学生身体健康和提升身体素质至关重要。体育教学将保障学生健康作为实现教育目标的重要因素之一，而运动训练中，良好的身体状态则是运动员高效训练和赛场发挥的基础。因此，两者都把学生的身体健康作为核心关注点，通过各种方式和方法，共同促进学生全面发展。

（三）高校体育教学与运动训练项目内容的共通性分析

许多运动训练项目，如田径，也常见于体育教学中，成为教学内容的重要组成部分。体育教学在设计项目时，应充分考虑到个体差异，这些差异性较大的项目同样适合于运动训练，因为它们能更好地满足不同运动员的个性化训练需求。当体育活动以增强健康为主要目标时，这些活动便回归体育教学的本质，致力于通过体育锻炼提升学生的健康水平。

（四）高校体育教学与运动训练均须依托人体运动开展

运动训练是一项针对大学生的高强度运动参与计划。虽然它与体育教学在目标和手段上有所差异，但同样要求学生保持一定的运动量。体育教学包含理论学习和技能培训两个主要方面，学生在掌握体育理论知识的基础上，通过实践操作来培养和提升体育技能。这一过程本身就是一种体育运动，学生只有通过不断地运动和技能训练，才能确保身体健康，提高身体素质。

五、高校体育教学与运动训练互补的有效策略

（一）运用运动训练方法提升学生的自然素质

自然素质虽然处于素质结构的底层，但对高级素质的培养和发展具有重要影响。其中，身体素质是其核心部分。体育教学的重要目标之一就是通过各种活动提升学生的身体素质，进一步推动自然素质的全面发展。要有效提升学生的身体素质，关键在于增强体质和适度增加训练强度。运动训练凭借其专业的技术手段和科学方法，在确保学生健康的前提下，逐步增加生理负荷，不仅可以提高学生的体育竞技能力，更能让他们在比赛中达到最佳状态，成为一道亮丽的风景线。为了在体育教学中提升学生的身体素质，我们可以借鉴运动训练的专业经验，运用科学的训练策略，合理调整学生的运动负荷。在这个过程中，学生在适当运动负荷的作用下，不仅能有效提升身体素质，还能全面促进自然素质的发展，为他

们提高综合素质奠定坚实基础。

（二）体育教学与运动训练在教学内容上具有互补性

运动训练致力于通过一系列专业且高强度的体育活动，提升大学生的身体素质和技能水平。然而，这一过程往往机械且具有挑战性，使得学生在体验训练压力的同时，难以享受到运动的乐趣。相较之下，体育教学更注重满足学生的实际需求，内容贴近生活，有助于激发学生的学习兴趣。为了提高运动训练的效果，我们可以将其与体育教学的理念和内容相结合，使训练更加丰富多元。这样既能提升学生的训练热情，又能帮助他们在高强度训练中找到适当的放松方式。另一方面，体育教学也应拓展教学目标，不仅仅局限于基本的身体锻炼。在此基础上，将运动训练的专业技巧融入体育教学，针对学生实际情况适时增加运动训练内容，能更有效地强化身体锻炼，帮助他们树立正确的体育观念。结合运动训练的专业性，既能满足新时代体育教学的需求，也能促进学生养成良好的体育习惯和过硬的身体素质。总之，体育教学与运动训练相辅相成，共同推动学生的全面发展，实现教学与训练的有机结合，为学生提供更加全面、高效的体育教学。

（三）体育教学与运动训练教学方式具有互补性

体育教学与运动训练在高校体育事业中各有侧重，前者更多关注理论知识的学习，后者则注重实践训练的有效性。将体育教学中的理论应用于运动训练，可以验证其指导价值，而运动训练中的实践方法也有助于提升教学效果。因此，高校应深入分析两者间的异同，找出共通点，实现教学方法的互补，以促进双方共同发展。体育教学与运动训练虽有各自特点，但都致力于提高学生身体素质，支持高校体育工作的顺利进行。为实现两者的有效融合，相关工作者应加强交流与合作，不断探索和完善融合途径。通过这种方式，既能避免在教学过程中频繁尝试新方法导致的资源浪费，又能提高教学质量，实现体育教学与运动训练的双赢，共同推动高校体育事业的繁荣发展。

第二节　高校体育教学与运动训练互动模式的探究

在我国众多高校中，体育教学与运动训练的深度融合尚未得到充分落实。大部分学校更加注重学生的学术知识教育，而忽视了青少年身体健康的重要性。常言道："身体是革命的本钱。"在当今社会发展中，知识的重要性不容置疑，但身体健康同样不可或缺。试想，如果一个国家的青年才俊虽然学识渊博，却缺乏强健的体魄，这样的国家又如何能实现快速发展呢？"少年强，则国强。"这句话深刻地揭示了青少年的力量对于国家发展的重要性。这里的"强"不仅意味着知识和能力的丰富，更强调了健康体魄的重要性。只有兼具智慧与体力的青年，才能真正守护和发展我们的国家。

一、体育教学与运动训练的互动模式探析

（一）高校应加强体育设施建设，全面提升建设水平

体育教学在高校整体教学体系中占据着举足轻重的地位，其质量对教学活动和学校的长远发展产生直接影响。我国高度重视青少年全面发展，尤其关注青少年身体发育的关键阶段，高校应充分认识到体育教学的重要性。然而，当前部分高校在体育教学投入上尚显不足，尤其在体育设施建设方面。为促使青少年全面发展，高校有必要加大体育设施建设和投资力度。为筹集资金，高校可以采取多种方式，如申请国家专项资金支持，与社会体育企业建立合作关系等。这些合作不仅解决资金问题，还有助于为体育企业输送优秀人才，实现双赢。同时，政府在校企合作中扮演着重要角色，应提供必要的财政支持并监管资金使用，确保专款专用，避免乱收费现象。这既关乎学生的参与热情，也关乎政策初衷。综上所述，通过各方共同努力，推进高校体育设施建设，有助于学生全面发展。

（二）体育教学与运动训练的结合路径探析

体育教学与运动训练虽有区别，但在实际操作中，二者相互补充，不可或缺。体育教学注重理论知识传授，旨在让学生理解体育训练的重要性及其背后的知识体系。运动训练则侧重于实践操作，通过篮球、足球、排球、健美操等具体体育项目，提升学生的体能和技能。高效的运动训练应是理论与实践的完美结合，理论为实践提供指引，实践则反过来验证理论的正确性，二者相互促进，共同培育和发展体育精神。为实现这一目标，高校应强化体育师资队伍建设，提升教学质量，并对学生提出更高的运动训练要求。例如，实行体育课程学分制，不仅能督促学生积极参与体育活动，还能促使他们养成良好的运动习惯。这样既能确保学生掌握必要的体育知识和技能，又能全面提升他们的身体素质。

（三）提升学生的体育意识与参与度

为了实质性地提升学生的身体素质，首先要强化他们的体育健身意识。高校应设计一套全面且具有吸引力的体育教学方案，教师在教学过程中应不断创新，运用新的教学方法激发学生积极性，鼓励他们主动参与体育活动。需要注意的是，校园内的体育特长生往往因为明确的目标和奖励机制而积极参与体育训练，这可能无意中影响到其他学生的积极性。因此，教师需要采用合理、高效且健康的方式引导所有学生树立正确的体育观念，确保每位学生都能在轻松愉快的氛围

中享受运动的乐趣，逐渐形成良好的体育锻炼习惯。其次，高校可通过组织各类体育赛事、社团活动等形式，进一步激发学生的体育热情，提升他们的体育锻炼意识。这不仅有助于促进学生身体健康，还能培养他们的团队合作精神和社会交往能力，为学生的全面发展奠定坚实基础。教师和学校管理层应始终以学生的健康成长为出发点，共同努力营造一个积极向上的体育文化氛围。

二、体育教学与运动训练的互动与发展

体育教学与运动训练的互动发展，源于对互动发展理念的构建。在当前社会，青少年综合能力要求不断提高，健康的体魄已成为他们步入社会的重要资本。因此，高校应有意识地推广这一理念。首先，作为学生学习的引导者、组织者和示范者，教师的行为对学生产生深远影响。教师自身需要首先确立体育教学与运动训练互动发展的观念，从而更有效地激发学生的参与热情。其次，高校应根据学生的需求制订教学计划，注重培养他们的体育意识。让学生理解体育教学与运动训练之间的内在联系，学会将两者有机结合，共同推动体育精神的传承与发展。

总的来说，在青少年培养过程中，高校不仅要关注学生的文化知识教育，还应重视身体素质的培养。通过实施体育教学与运动训练的互动模式，可以大幅提升学生对体育活动的兴趣。高校应运用科学合理的教学方法，确保学生在体育和学业上得到全面发展，实现身体素质与学习能力的双重提升。最终，全面推广体育教学与运动训练的互动模式，不仅能够提升高校的体育教学质量，还能为学生的终身发展奠定坚实的健康基础。

第三节　高校运动训练专业学生"体教融合"培养模式探析

一、运动训练专业实施"体教融合"培养模式的基础探析

运动训练专业的学生群体丰富多样，可根据其背景大致划分为两类。一类是自幼入选专业队，接受专项运动训练的学生，虽具大学生身份和学籍，但长期脱离常规学校教育，运动技能出众，甚至以此为职业（领取工资）。这类学生的特点是文化学习系统性不足，学习过程常常中断，实际文化水平与同龄普通高校学生存在较大差距；另一类则首先作为普通中学或高校学生，同时积极参与体育训练和比赛的群体。他们先成为学生，后成为大学生，相较于前一类，其运动技术水平或许略低，但能在高校接受连贯的文化教育，达到学校对学生学业的要求。

这种特殊的学生构成，为体育部门与教育部门的合作奠定了基础，推动了"体教融合"培养模式的实施。通过这种模式，旨在充分利用双方资源，确保学生既能接受高质量的文化教育，又不影响运动技能的提升，从而培养出兼具专业知识和高水平运动能力的复合型人才。

二、实施"横向合作"与"纵向发展"相融合的"体教融合"模式探析

当前，运动训练专业人才的培养应采取"体教融合"模式，实现"横向合作"与"纵向发展"的有机统一。所谓"横向合作"，是指我国教育系统与体育系统需全面深化合作，通过共建培养机制，加强沟通交流，明确职责分工，共同制定精细化培养方案，合理平衡训练、比赛与学习时间。为解决管理难题、学训冲突及教学安排等问题，可以设立常驻联络员、派遣专业教师授课、组织大学生集中学习等，确保合作顺利推进。"纵向发展"则强调教育系统应充分发挥资源优势，通过与体育部门师资定期交流、加强实习实训基地建设、改革人才培养体系与方法、加大资金投入、改善场馆设施等措施，不断提升学生的竞技实力与文化素养。这种模式旨在深化教育与体育资源的融合，既提升学生竞技水平，又确保文化教育质量。通过"横向合作"与"纵向发展"的紧密结合，能实现高水平竞技体育人才的联合培养与独立培养并存，校内教育与校外培训互补，文化学习与竞技训练同步推进。这种模式不仅拓宽了运动训练专业人才培养路径，还为学生的全面发展提供了有力保障。

三、运动训练专业学生"体教融合"培养模式的具体实施措施

（一）运动训练专业学生培养目标的科学定位

"体教融合"的培养模式需以明确的人才培养目标为基础。现阶段，以培养教练员和专项教师为主的单一目标体系已无法满足社会对多样化人才的需求。然而，多目标体系以培养体育专门人才和复合型人才为目标，以及高目标体系以培养高级专门人才为目标，因运动训练专业学生素质不一而难以实现。因此，在探索"体教融合"的培养模式时，高校需一方面创造条件，实现"体"与"教"的融合，将具备高级别运动等级和文化素养的学生培养为高级专门人才，确保运动技能与文化知识同步提升；另一方面，为不同文化水平和竞技能力的学生提供多元化的培养空间，通过分层次设定培养目标，将他们培养成为竞技体育专门人才和复合型人才。如此一来，高校便能成为一个既能实施联合培养又能独立培养的综合性人才培养基地，真正实现人才培养的多样化和高质量。

（二）强化合作，优势互补，全面推行"体教融合"培养模式

"体教融合"培养模式的优势在于，体育系统丰富的训练和比赛经验能提升大学生的运动成绩，积累实战经验；教育系统则以深厚的文化知识底蕴、系统化的知识框架和丰富的教育资源为学生提供坚实的理论基础。为实现这一模式的优势互补，体育系统和教育系统需加强横向合作，共同推进有效实施。具体而言，高校应与体育系统主管机构建立紧密联系，共同制定学生培养方案，科学规划专业训练和理论学习时间。此外，学生评价体系也应全面且灵活，包括运动成绩和文化课成绩。通过"体教融合"的综合性评价手册，打破传统单一评价模式。学分制可考核学生学业完成情况，允许学生根据实际情况调整学习和训练时间。此外，理论学习的组织形式应灵活多样，要考虑学生文化基础和训练比赛经历。将理论知识与实践紧密结合，使学生在实际操作中理解和吸收知识，提升综合素质。通过这些措施，"体教融合"模式将在理论和实践中取得良好效果，实现学生在体育和学术上的全面发展。

从"纵向发展"的角度看，首先要根据学生的来源地和项目特点，设定分级、分层、分专业的多样化培养目标。这一过程应遵循竞技体育人才在运动训练和文化教育两方面的成长规律，强调思想道德教育，充分利用高校良好的育人环境，目标是培养既有较高文化素养又具备高水平运动成绩的复合型人才。具体来说，高校应发挥教学和科研优势，结合自身办学特色，构建一套适合高水平运动训练专业学生发展的"体教融合"培养模式。这样不仅能推动学生全面发展，还能为社会输出更多既有专业知识又具备竞技实力的高素质人才。

（三）整合资源，合理布局，优化教练团队，不断改善办学条件

"横向合作"与"纵向发展"相融合的"体教融合"培养模式，旨在实现合作培养与独立培养的有机统一。在横向合作方面，应拓宽运动训练专业学生的培养路径，充分调动体育系统和教育系统的资源，构建起多元化的奖励和资助机制。例如，高校可以为负责学生训练的教练员和文化课教师提供课时补助，并对取得突出成绩的学生及其教练员给予物质和精神奖励。作为回报，这些学生应积极参与提升高校社会知名度和影响力的活动。在纵向发展方面，高校领导层需给予大力支持，通过有效整合内部资源，合理安排运动项目布局。同时，重视高水平师资队伍建设，通过培训现有教师和引进外部优秀人才相结合的方式，不断提高师资水平。此外，加大资金投入，不断改善办学条件，营造良好的学习和训练环境。通过这些措施，充分激发教师和学生的积极性与创造性，将学生专项技能的提升作为培养重点，为探索适应高校运动训练专业的"体教融合"培养模式奠定坚实基础。

（四）重视"学训"矛盾，合理规划与加强管理并重

为解决长期困扰"体教融合"的学训矛盾，我们需要加大研究力度，积极寻找解决方案。这个矛盾不仅体现在大学生文化学习与训练之间，也存在于专项训练与文化学习之间。通过实践探索，优化培养体制，提高学生的"学训结合"效果，确保体育部门与教育部门融合后培养的人才能够更好地适应社会需求。因此，我们应强化对大学生的日常管理，包括生活、训练、文化学习及考试考评等方面，强调多部门之间的无缝衔接与统筹运作。这种管理方式既认可单个部门独立培养的成果，又注重两个部门联合培养的效果，形成一套有效的学生管理机制。在此过程中，我们可以充分利用现代多媒体教学手段和网络技术，对大学生进行文化知识教育，以减轻训练比赛时间与文化学习时间的冲突。然而，这还不够，还需确保大学生所在专业队的相关负责人与高校之间建立有效的配合机制，确保上述学习模式能够真正落实。此外，如有条件，应加强两个部门之间的经验交流，互派专业教师或教练员进行上门指导，以确保学生的训练和学习质量得到双重保障。通过这些措施，可以有效解决学训矛盾，促进学生的全面发展。

（五）以人为本，统筹兼顾，加大"体教融合"培养模式的研究力度

"体教融合"这一核心理念，以人为本，统筹兼顾，科学发展观为指导，深入剖析其目的、意义、体系、内涵及培养模式等重要问题。首先，加强运动训练专业学生的入学资格审核，严格控制"入口"质量，逐步提升文化课和专项技术的入学标准，确保生源优质。建立科学的目标导向机制，强化文化教育管理，构建"学训兼容"的培养体系，探索校内外结合的培养模式，真正实现体教融合，逐步实现体教融合的理想目标，让竞技体育回归教育，不断优化教育效果。

总的来看，运动训练专业培养的学生不仅是高校竞技体育的宝贵财富，也是国家竞技体育人才的重要输送渠道。因此，体育系统和教育系统应共同参与学生培养方案的设计，携手合作。高校需根据实际情况，制定分级、分层、分专业的多元化培养目标，以"体教融合"模式为基础，采取"横向合作"与"纵向发展"的策略，充分利用体育系统和教育系统的资源，实现优势互补、资源共享。尽管当前"体教融合"模式在培养竞技体育人才方面仍面临诸多挑战，但我们坚信，通过不断的改革深化、广泛的研究探讨和不断的实践探索，"体教融合"模式必将发挥其应有的人才培养效能。

第四节　高校运动训练与体育教学的协调发展路径探析

一、高校运动训练与体育教学的概念

在体育教学中，运动训练作为一种实效显著的教学手段，通过教练与学生间的互动交流，致力于提高学生的运动水平和身体素质。体育教学不仅旨在完成特定教学任务，还是一种常态化且系统化的教学形式。在此过程中，教学人员肩负明确任务和指标，注重计划性和组织性，并运用专门技巧和方法实现教学目标。运动训练的核心目标是全面提升学生的心理素质、身体素质及运动技能。

二、高校运动训练与体育教学的差异与共通之处探析

（一）运动训练与体育教学在形式与内容上的相互关联

通过对运动训练和体育教学内容的深入分析，我们可以看出，两者都是以体育学科为基础展开的系列活动和教学过程。在实际操作中，运动训练与体育教学相互补充，相互促进，共同发展。同时，无论是运动训练还是体育教学，都对教学器材和场地有较高的要求。而且，学生的最终成果都是通过相应的考核成绩来评定的。这表明，尽管两者在形式和目标上有所区别，但在教学资源需求和效果评估方面却具有高度的一致性。

（二）运动训练与体育教学之间的差异

运动训练和学生专项技能练习密切相关，它以明确的针对性和目的性为专业运动员或高水平大学生提供系统训练，旨在助力他们在比赛中脱颖而出。相比之下，体育教学注重通过丰富多样的教学方法，全面引导学生参与体育活动，同时传授相关运动知识。体育教学过程较为轻松，强调培养学生的体育兴趣和基本运动技能的掌握。由此可见，尽管两者都属于体育领域，但在目标设定、训练强度和教学模式上存在明显区别。

（三）运动训练与体育教学目标、任务的差异

从长远来看，体育教学和运动训练在各自的教学阶段都需明确其核心目标。体育教学的目标在于通过教师的指导，让学生掌握多种基本的体育技能，不仅能够进行简单的体育活动，还能在某项运动上有所提升。长期参与体育活动，有助

于学生在心理和身体上获得放松，促进综合素质的提高。而运动训练则侧重于通过专业系统的训练，提升学生的运动水平和专业技能，让学生在体育竞技中取得优异成绩。由此可见，虽然两者都属于体育教学的范畴，但其最终目标和任务存在明显差异。体育教学更注重学生的全面发展和兴趣培养，而运动训练则聚焦于竞技水平的提升。

三、高校运动训练与体育教学协调发展的策略探析

（一）提升高校重视程度，强化管理措施

为了实现高校运动训练与体育教学的协调发展，我们必须提升对这项工作的重视程度。首先，高校管理层需树立正确的体育教学观念，深入理解体育教学的价值和重要性。其次，学校应强化全体教职员工的思想教育，通过构建全员参与的管理模式，将运动训练与体育教学协调发展的理念融入校园文化，使全校师生都能认识到二者协调发展的重要性。通过这些措施，为运动训练和体育教学的协同发展营造一个良好的内部环境。

（二）优化教学方法，合理安排体育活动

在学生的学习过程中，实践与理论知识的结合至关重要。然而，我国传统的高校体育教学过于侧重理论讲解，往往忽视了学生的实际运动需求和兴趣。长时间下来，体育教学的魅力逐渐减弱，教师难以充分发挥体育的趣味性和优势，导致许多学生对体育运动失去兴趣和积极性。为改变这一现象，激发学生对体育运动的热情，体育教师需调整教学策略，引入更具挑战性的训练项目，抓住学生的注意力；同时，通过举办有趣的活动，进一步激发学生的学习兴趣，让他们更主动地投入到课堂中来。此外，组织跨系别、跨年级的友谊赛，不仅能提高学生参与体育活动的积极性，还能推动学生间的交流与合作。教师应与学生保持充分的沟通，尽力满足他们的需求，激发他们的主动性，这是实现运动训练与体育教学协调发展的关键。

（三）加强师资队伍建设，提升学生安全意识

体育教师的综合素质对教学效果具有重大影响。为了进一步提高教学成效，我们务必重视体育教师团队建设，全面提升教师队伍的整体素质。体育教师不仅需要精通运动训练和体育教学，还应熟悉相关安全规范，并根据实际情况制定合理有效的教学目标。在教学过程中，体育教师不仅是知识的传播者，更是学生的引导者。他们通过有效的指导帮助学生掌握运动技能，同时提示学生注意潜在的危险行为和动作，确保学生在安全的环境下进行体育活动和训练。此外，教师还

应指导学生如何应对身体损伤和其他紧急情况，增强学生在面临危险时的自我保护和应急处理能力。通过以上措施，不仅能够提升教学质量和安全性，还能促进学生在身体、心理和社会适应能力等方面的全面发展。

在运动训练和体育教学中，学生的安全意识和自我保护能力至关重要。实际上，如果学生具备充分的安全意识，体育运动过程中的安全风险将大幅降低。为了提高学生的安全意识，学校应在运动训练和体育教学前开展专门的安全教育活动，以此强化他们的安全意识。同时，教师在日常教学中要把安全放在首位，确保所有体育活动在安全的前提下进行，从而提升教学效果。此外，高校应建立完善的安全管理制度，明确安全规范，引导学生有效预防和应对潜在的安全风险。通过这些措施，为学生营造一个更安全、健康的体育学习环境。

第六章　高校体育运动的科学化训练探析

第一节　球类运动的科学化训练方法探析

一、篮球运动的科学化训练方法探析

（一）篮球运动发展现状分析

近年来，我国男子篮球队在国际赛事中的表现未能达到预期，从 2012 年伦敦奥运会到 2013 年亚洲锦标赛，再到 2019 年男篮世界杯，都暴露出我国篮球与世界顶级强队之间的明显差距，这也让篮球运动的发展面临着严峻挑战。

针对这一现状，众多业内专家和学者提出了改革建议。从运动训练学的角度看，我国男篮的主要问题包括运动员对抗能力不足、体能相对较弱、运动智能不高及心理素质较差等。其中，运动智能的重要性尤为突出。在现代篮球比赛中，运动员需要在高强度对抗中保持清晰思维，像精密计算机一样快速分析场上局势，通过敏锐的观察力和判断力找到对手的弱点，巧妙运用个人技术和团队战术取得胜利。这说明，运动员的智能水平对比赛表现和成绩具有决定性影响。

尽管我国篮球界已在加强体能训练和技术战术提升方面取得了一定成果，但运动员智能的培养同样不可忽视。智能、意志等"软实力"对于运动员的全面发展至关重要。我们的目标是培养全面发展的人才，而不仅仅是篮球场上的"机器"。因此，提升运动员智能，提高其在复杂比赛环境下的应对能力和决策水平，已成为我国篮球发展的重要方向之一。

（二）篮球项目特点与训练要求

1. 项目特点

深入探索篮球运动的规律和特点，对实施体能训练至关重要。篮球运动的灵魂在于提升技术实力和对抗能力，特别是爆发力和速度的训练。比赛的最终目标就是得分，而力量则是实现这一目标的基础。篮球运动的显著特点是高度的身体

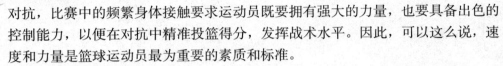

对抗，比赛中的频繁身体接触要求运动员既要拥有强大的力量，也要具备出色的控制能力，以便在对抗中精准投篮得分，发挥战术水平。因此，可以这么说，速度和力量是篮球运动员最为重要的素质和标准。

2. 训练要求

（1）专项素质

为了推动篮球训练向规范化、专业化和科学化发展，提升运动员基本专项素质成为关键。这要求我们深入挖掘运动员的专项特点，并着重提高他们的速度与耐力、身体柔韧性和力量。在实际训练中，为了达到高效训练效果，必须将篮球技术与身体素质训练相结合，全面提升运动员的专业素养。这种综合训练方法既能增强运动员的技术能力，也能提升他们的身体素质，确保在比赛中能够发挥出最佳水平。

（2）技术深度

在篮球运动中，技术训练至关重要。为了提升整体水平，教练需不断革新和优化训练方法，确保各项技术动作的连贯性。在此基础上，运动员在熟练掌握基本技能后，应根据个人特点，寻找并实践适合自己的技术训练模式。这不仅有助于提升个人技术，还能对团队整体表现产生积极影响。

（3）高强度训练

在篮球训练中，负荷训练是不可或缺的重要环节。这种高强度训练旨在提升运动员的身体素质，助力他们更好地掌握实用比赛技巧与战术，从而全面增强身体机能和运动水平。因此，负荷训练在篮球运动中具有举足轻重的地位，对于提升运动员整体实力具有重要意义。

（三）篮球运动的科学化训练重点与未来发展趋势

1. 训练重点

（1）重视耐力训练

在篮球技能训练中，保持运动员的耐力水平至关重要，但耐力训练容易引发超负荷，这对运动员的健康造成威胁。因此，我们建议采用低强度、长时间、低频次的训练策略，以渐进的方式进行，以确保在不妨碍运动员身体健康的前提下，维持其最佳竞技状态，并有效提升耐力水平。这种方法既能规避过度训练带来的风险，又能保证训练效果，从而提升运动员的综合能力。

（2）把握好训练强度

在篮球技能训练领域，一种普遍观念认为，训练强度越高，效果就越显著。然而，多项研究表明，这一观点其实是一个误区。实际上，当体能训练的强度超过临界点时，不仅无法带来预期效果，反而可能对运动员的健康产生负面影响，损害身体功能，甚至引发严重的不适和过度疲劳。因此，在训练过程中，合理控制强度，避免超负荷训练，对于保护运动员健康和提高训练质量至关重要。

（3）制订科学合理的训练计划

在篮球技能训练中，将体能训练融入日常技术训练中是提升运动员技术水平的。针对每位运动员的身体状况和个性特点，制定科学合理的体能训练方案，并根据实际需求进行适时调整和优化。这样的做法不仅能让运动员在训练过程中保持兴趣，避免因内容单一而产生厌倦感，还能有效防止训练效果下滑，确保运动员在愉悦的状态下不断提升体能和技术水平。

2. 发展趋势

（1）体能训练方法与技术更先进

我国篮球训练团队计划引入并采纳国际领先的篮球技能训练方法，运用大数据技术对运动员训练前后的表现与能力变化进行精确追踪分析。通过丰富多样的训练方式，动态调整和优化训练技术，旨在打造一套更适合我国篮球运动员的训练体系。这种方法不仅能精准反映训练成效，还能及时调整训练策略，更好地满足运动员个性化需求，促进全面发展。

（2）体能训练比重逐步增加

目前，我国篮球技能训练在技术和战术培养方面投入较多，但在体能训练方面尚有待提升，与篮球训练技术领先的国家存在一定差距。然而，随着时代发展，部分地区已开始关注体能训练的重要性，计划在日常训练课程中专门设置时间强化体能训练，以弥补这一不足。这种转变不仅有助于提高运动员的体能素质，也为我国篮球运动的整体发展注入新活力。

二、足球运动的科学化训练方法

（一）当前足球运动训练的概况

1. 足球运动训练设施不足的问题

随着我国高校招生规模的不断扩大，越来越多的学生步入大学校园，这无疑对学校的各个方面产生了深远影响，尤其是体育设施。现如今，无论是从数量还是质量上看，高校的体育设施都无法满足现代足球教学与训练的迫切需求。在校园里，我们时常能看到数百名学生挤在同一片体育场地上进行训练，这一幕直接揭示了足球训练硬件设施短缺的问题，严重阻碍了足球训练的顺利进行。要知道，充足的足球场地和训练设备是确保训练效果的重要因素。如果足球训练的基础设施不完善，学生就难以接受到高质量的训练，从而导致训练效果不佳。因此，完善足球训练设施已经成为提升高校足球教学质量的当务之急。

2. 教学方法过时问题

在我国高校足球教学领域，现有的教学模式过于依赖教师的讲解，缺乏创新思维，显得有些陈旧。此外，由于高校的管理和激励制度不健全，体育教师的创新积极性未能得到充分调动。尽管部分教师已在尝试引入新的教学方法，但受限于训练设施和设备的不足，这些方法难以落地，从而阻碍了高校足球创新教学的步伐。实际上，这种传统的教学模式已无法满足训练需求，也不符合当前高校足球教育的发展需求。因此，为了提升教学质量和效果，我们需要改进教学方法，并完善相关设施，这是当前迫切需要解决的问题。

3.忽视足球训练教学的重要性

在我国高校体育教学中，尽管足球具有举足轻重的地位，但其教学和训练的重要性尚未得到充分认可。这一问题主要暴露在学校管理层和家长的心态上。

首先，在校园环境中，足球教学和训练并未得到应有的关注。大部分高校提供的足球课程时长有限，教学内容多以基础知识和初级技能为主，缺乏深入的教学体系和高级训练。这使得学生难以对足球产生持续的兴趣和热情，同时也限制了他们对这项运动的全面和深入了解。

其次，家长对足球的认知存在一定的局限性。他们往往将足球视为一项普通的运动，认为其价值可被其他体育活动替代。担忧足球训练会消耗孩子大量时间和精力，甚至可能导致运动损伤和学业成绩下滑，家长因此不愿鼓励孩子参与足球训练。这种观念在一定程度上制约了高校足球运动科学训练的推进。

为激发高校足球运动的发展潜力，我们需要改变家长对足球运动的认知，提高学校对足球教育的重视程度。只有这样，才能让更多学生投入到足球运动中，促进他们在技能和素养上的全面提升。

（二）足球运动科学化训练的关键要素

在高校足球训练中，我们需要聚焦于两大主要方面：体能训练和技术训练，以满足教学需要并推动足球运动的发展。具体而言，通过加强体能训练，可以提升学生的身体素质和耐力，确保他们在比赛中始终保持高水平的表现。同时，技术训练的重点在于提高学生的足球技能，包括控球、传球、射门等基本技术，以及战术意识和团队协作能力。这两方面的有机结合将有助于学生个人能力的全面提升，同时也能使高校足球队伍的整体实力得到大幅提升。

1.体能训练

在体能训练中，重视力量训练至关重要，因为它能为后续的训练奠定坚实基础。高效的力量训练不仅能提升运动员的基本身体素质，还能为速度、耐力等后续体能训练环节提供良好基础，确保整个训练计划顺利推进并实现预期效果。

（1）力量训练在体能训练中的重要地位

足球运动员的竞技水平主要取决于技术水平、对抗能力和力量素质。带球速度是其中一项重要指标，它直接受到运动员体能状况的影响。现代足球注重攻守平衡，且更倾向于进攻。比赛中，运动员需要频繁加速、跑动和进行身体对抗，这些都需要良好的力量素质作为支撑。巴西和西班牙等足球强国的成功，很大程度上得益于他们对球员力量训练的重视。因此，在我国高校足球训练中，提升力量素质至关重要。日常训练应注重力量训练的实施，通过增强学生的身体力量，为技术训练奠定基础，进而全面提升学生的足球技能和竞技水平。

（2）改进体能训练方法

在足球训练中，全面加强运动员的体能训练至关重要，因为这是他们在整场比赛中保持高效表现的基础。相比于职业运动员，高校学生在球感、技术及经验方面存在一定差距。因此，在高校足球训练中，应将足球意识的培养与体能训练相结合，以提高训练效果。这要求我们对传统的单一训练模式进行调整，以满足综合性体能训练的需求，并确保技术训练与体能训练之间达到平衡。这样，既能提升学生的体能水平，又能促进技术与体能的同步发展，从而更高效地进行足球训练。

2. 技术训练

技术训练在足球运动中具有不可替代的作用，特别是在高校足球教学中，应重点关注以下几个方面。

首先，技术训练应遵循由简到繁、由浅入深的原则。大量研究资料表明，技术训练的核心目标是提高技术应用的效率和质量。因此，作为足球教学的引导者，我们应坚持这个基本原则，逐步引导学生从简单的技术练习过渡到复杂的技能组合。这样既能确保学生掌握基础技能，又能使他们学会如何将各种技术动作有机融合。这种循序渐进的训练方式有助于实现技术训练与体能训练的有效衔接，为后续教学活动打下坚实基础。

其次，加强实战演练性质的训练对于全面提升高校学生的足球技能和体能非常重要。当前，高校足球训练的发展趋势表明，除了提高学生的技术水平，通过实战演练增强学生的体能同样重要。实战演练不仅有助于学生在根本上提升技术应用能力和体能素质，还能为后续技术动作的熟练掌握提供实践基础。因此，高校应尽可能组织更多实战演练，让学生在实际比赛环境中提升专业技能，积累实战经验。这样既能促使学生在实际比赛中不断优化技术、增强体能，也能帮助他们找到适合自己的训练方法。

三、排球运动的科学化训练方法

（一）排球运动的特性与特点

1. 排球运动的特性与特点

排球运动因其广泛适用性和低门槛，成为适合各年龄层和性别参与的群体活动。场地要求宽松，沙滩、公园、草地等空旷地带均可开展。规则简单易懂，参与者只需掌握基本规则，便可迅速加入比赛。此外，比赛的激烈程度可根据参与者实际情况灵活调整，进一步推动排球在大众中的普及。排球更是高度重视团队协作的运动。除了发球外，几乎所有技术战术动作都需队员间的紧密配合才能成功实施，进而助力队伍赢得比赛。缺乏组织性和团队精神，即使实力出众的队伍也难以在赛场上发挥出应有水平，更别提取得佳绩。因此，培养团队成员间的默契与集体意识，对于提升排球队伍的整体表现至关重要。

2. 排球运动的攻防技巧与对抗性

在排球比赛中，六名队员紧密协作，通过不断轮换位置，共同应对对手的挑战，力求保证球不落地。这不仅提升了每位队员的攻防技术水平，更让比赛变得复杂而富有观赏性。全体队员需具备全面的攻防技能，灵活运用空间感，以实现队伍胜利的目标。在激烈的两队对抗中，胜负的天平时刻都在摇摆。关键的得分环节往往取决于扣杀和拦网技艺的高低。赢得一分往往需要经历多个回合的较量，这正是排球运动强烈对抗性的体现。这种高强度的对抗不仅考验了运动员的技术水平，也充分体现了排球运动的魅力。

3. 排球运动对心理素质和智力水平的提升作用

排球运动的强度可以根据个人需求灵活调整，既能满足紧张刺激的竞技需求，也能带来轻松愉快的休闲体验。在比赛中，运动员需要全神贯注，快速准确地判断球的方向和落点，并迅速做出反应，这种紧张的竞技状态有助于提高个人的兴奋度和心理承受能力。而在强度较低、对抗性较弱的排球活动中，参与者可以借此缓解疲劳，放松心情。值得一提的是，排球运动与大脑活动密切相关。无论是上肢的发球、接球动作，还是脚步的快速移动，都能刺激大脑细胞的活跃度，从而对智力发展产生积极影响。因此，排球不仅是一种体育锻炼，更是提升心理素质和智力水平的有效方式。

4. 排球运动对身体素质的提升作用

排球是一项需要高度专注的运动，面对空中飞行的球和对手的挑战，运动员需迅速做出判断并立即行动。这项运动对速度、力量、灵活性和协调性的要求极高，因此，参与排球运动能够全面提升身体素质，促进身心健康。此外，排球运动还有助于培养团队合作精神，塑造坚韧不拔的意志品质。长期从事排球运动，不仅可以增强心肺功能和呼吸系统的效能，其特有的跳跃动作还能促进青少年骨骼发育，增加骨密度，有助于身高增长，改善血液循环，提高肌肉敏感度。由此可见，排球运动不仅全面提升身体素质，还有利于维持和优化各项生理指标。

（二）排球运动科学化训练的关键要素

1. 加强基础体能训练

在排球运动的科学化训练中，强化基础体能训练是提升学生训练效果的核心。通过增强体能，可以为学生奠定坚实的身体基础，进而更好地助力技术训练。在体能训练过程中，应注意合理饮食搭配，以推动学生身体素质全面提高。基础体能训练须持续进行，确保训练效果的稳定性。然而，许多高校在排球训练中过于侧重技术传授，而忽视了基础体能培养，这导致学生体能无法满足技术发挥需求，进而影响整体训练效果。因此，作为排球教练，应紧跟现代排球训练潮流，运用最新体能训练理论，结合技术训练，全面提升训练质量和效果。

2. 加强排球技术训练

排球运动的精髓在于技巧，因此在进行训练时，教练员需要紧跟时代发展趋势，借鉴国际顶级战术策略，并结合学生实际情况，研究和构建一套科学实用的战术体系。这个体系不仅要适应排球运动的发展方向，还要提高训练的整体水平。在制定这套战术时，教练员应注重实际效果，而非盲目追求新颖独特，以确保战术体系的实用性和可操作性，通过优化战术配合，切实提升训练效果。这样一来，不仅能提高学生的实战能力，还能加深他们对排球运动的理解和热爱。

3. 重视团队协作能力的培养

在排球训练中，团队配合的重要性不容忽视。尽管许多高校学生个人素质和技术出色，但他们在实际比赛中往往难以迅速融入团队，与队友建立有效配合，这大大制约了个人能力的发挥。因此，寻找并实施科学的团队配合训练方法显得尤为重要，旨在让每位学生在团队中找到自己的定位，充分发挥个人优势。作为教练，应根据团队特点，精心选择适宜的训练模式，关注实际训练效果，确保每位学生都能最大限度地展现自己的能力，从而提高整个团队的综合竞争力。这样的训练不仅有助于增强学生的团队意识，还能让他们更好地融入排球队伍，实现个人能力的全面提升。

4. 加强排球文化渗透与排球精神培养

在高校排球教学中，部分教师过分注重技能训练，却忽视了排球文化和排球精神的培育。如此一来，尽管训练强度不小，但成效却未能如预期般显现。实际上，在排球运动的科学训练中，融入排球文化和排球精神显得尤为重要。这不仅有助于提升学生的全面素质，更能引导他们在排球道路上走得更远。排球文化和排球精神所发挥的积极作用不容忽视，它们让学生更深入地理解这项运动，增强对排球的认知，并将这种理解付诸实践，从而有效提升排球训练的整体效果，更好地适应排球运动的发展趋势。因此，教师在传授技术的同时，也应注重排球文化和排球精神的传承，以推动学生全面发展。

（三）优化排球运动科学化训练的策略

1. 探索多元化的排球训练模式

实施多元化排球训练的目标是提升训练效果。在高校排球教学中，教师需精心选择合适的训练环节，全面考虑环节重点、组织形式、学生体能状况和认知水平等多方面因素。科学的训练方法有助于激发学生参与热情。研究发现，多元化排球训练不仅能营造轻松愉快的训练氛围，大幅提高学生训练积极性，还能全面锻炼体能，促进身心健康发展。这种训练方式对提升学生综合运动能力具有重要意义。

2. 更新排球运动科学化训练的理念

在高校体育教学中，要实现排球运动的科学化训练目标，正确的理念指导至关重要。这不仅关乎学生的全面培养，还包括多元化的思想教育和过程管理。在这些方面的深入培养，对学生全面发展的重要性不言而喻，同时也为排球课程训练目标的实现提供了坚实保障。在此过程中，排球教师应着力激发学生对排球运动的热情，确保他们深入理解并积极参与排球活动，扎实掌握排球技巧。对学生来说，这不仅是提高身体素质的良方，更是促进个人全面发展的重要途径。

首先，让学生深入了解排球运动的文化背景，亲身体验比赛现场的激情与紧张氛围。实际比赛体验能让学生直观感受排球的魅力。因此，教师可以组织学生现场观赛，并利用摄像设备记录下具有训练价值的精彩瞬间，作为日后训练的参考资料。学生对看见的场景记忆深刻，观看录像时，能迅速回忆起当时的感受，从而加深理解，提高训练效果。若无法亲自观赛，教师可通过多媒体播放排球比赛视频，激发学生的训练兴趣和热情。

在排球训练中，教师可以运用摄像机记录学生跑动和扣球的动作，以此作为分析素材。这些视频涵盖了学生的出色表现和需要改进的地方。让学生自行审视这些视频，既能激发他们自我反思，也有助于提升自我能力。通过团队共同分析这些视频，学生可以更清晰地认识自己的优势和劣势，进而提高整体技术水平。这种方式使学生在有限的训练时间内，迅速改正错误，发挥优势，实现技能的稳定提升。

排球运动科学化训练的重要环节，在于在教师指导下进行实战比赛。学生对体育竞技充满热情，因此能积极参与并在比赛中发挥出高度的热情。在比赛过程中，教师不仅要保障学生安全，做好防护措施，还要密切关注学生的比赛表现。比赛结束后，教师需及时总结，对学生的比赛表现和思想进行积极引导，并针对他们的动作和技术进行专业指导与修正。这样的方法既能巩固学生的技能，也能显著提高训练成效。

四、乒乓球运动的科学化训练方法

（一）影响乒乓球运动科学化训练的因素

乒乓球运动的科学化训练质量受多种因素的影响，主要包括教师、学生、训练方法及外部环境四个方面。在教师方面，影响因素包括身体条件、心理状态、专业知识、训练操作技能、执教水平及职业道德等；在学生这方面的影响因素主要有身体素质、心理素质和运动智商等；训练方法方面的影响因素则涉及训练理论的指导作用、训练计划的系统性和合理性；外部环境的影响因素则包括竞赛规则、场地设施质量、器材完备性，以及管理层的支持程度等。全面剖析这些因素，是探讨提升乒乓球科学化训练质量有效途径的重要基础。

1. 教师因素

在乒乓球运动的科学化训练过程中，教师的作用至关重要，他们负责制订、实施和评估训练计划，同时扮演组织者、参与者、监督者和协调者的角色。教师的健康状况、心理素质、专业知识、训练操作技能、执教水平和职业道德等，都会直接影响到大学生的训练效果。然而，在目前的乒乓球科学训练中，部分教师在上述方面存在不足。例如，有些教师身体素质不佳，影响了陪练效果；有些教师心理素质不稳定，面对困难时难以保持冷静；虽然有些教师具备丰富的乒乓球专项知识，但对与训练相关的综合知识了解不足，导致在遇到非专项问题时难以应对，从而影响训练质量。此外，有些教师理论知识丰富，但在实践中的应用能力较弱，无法实现理论与实践的有效结合；还有部分教师的执教能力和职业素养也需要提升。这些问题在一定程度上影响了乒乓球运动科学化训练的质量。因此，全面加强教师队伍建设，提升教师综合素质，成为提高乒乓球运动训练质量的关键。

2. 学生因素

在乒乓球运动的科学训练中，学生作为核心参与者，其身体素质、心理状态和运动智能是训练质量的关键所在。乒乓球运动对学生的协调性、柔韧性、力量及平衡性等方面有特定要求，但部分学生在这些身体素质上存在不足，如协调性、柔韧性、力量或平衡性较差，从而影响了训练效果。从心理素质角度看，乒乓球比赛的特点要求学生具备良好的心理状态。然而，现实中部分学生存在紧张、恐惧、自卑等问题，这些问题可能导致他们在训练时动作迟缓、注意力分散、团队协作能力弱。另外，运动智能也是学生能否顺利进行训练和比赛的重要因素，包括敏锐的观察能力、良好的记忆力和出色的模仿能力等。但部分学生在这些智能方面的发展水平较低，从而影响了他们的训练和比赛表现。因此，全面提高学生的身体素质、心理素质和运动智能，对提高乒乓球运动的科学训练质量

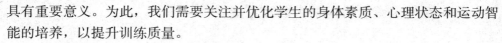

具有重要意义。为此，我们需要关注并优化学生的身体素质、心理状态和运动智能的培养，以提升训练质量。

3. 训练方法因素

青少年乒乓球运动训练的成效，很大程度上取决于训练的理论指导和系统性安排。这是一个长期、复杂且系统的过程，必须以科学的理论为引领。随着我国乒乓球竞技水平的不断提高，专项比赛的要求也在不断变化，因此，乒乓球训练理论也需要不断更新。然而，我国部分学校和乒乓球俱乐部在青少年训练中，仍采用过时的理论，这些陈旧的理论无法准确解释和预测训练活动，从而影响了训练效果。此外，乒乓球训练具有明显的阶段性和周期性特征，要求教练在训练前进行系统的规划。但实际情况是，部分教练在训练前缺乏系统的安排，使得训练过程缺乏条理，步骤不清晰，重点和难点不突出，从而降低了训练的整体效果。因此，更新训练理论，加强训练的系统性规划，是提高青少年乒乓球训练质量的重要举措。这也提醒我们，青少年乒乓球训练不仅需要注重技巧的培养，更要有科学的理论指导和系统的规划安排。

4. 外部环境因素

乒乓球竞赛规则是影响训练质量的主要环境因素之一。违反或偏离规则的训练无疑是无效的。然而，现有一些乒乓球教练在指导大学生训练时，过于侧重技术动作的训练，却忽视了对竞赛规则的研究和应用。这导致学生的技术发展方向与竞赛规则的变化趋势相悖，从而降低了训练的成效。此外，乒乓球场地设施的质量也对训练质量起着很大作用。若场地设施不完善或质量不佳，不仅会挫伤学生参与训练的积极性，还可能增加运动损伤的风险，进一步影响训练效果。另一方面，管理层对乒乓球运动训练的关注和支持程度亦至关重要。如果管理层不能重视教师和学生的训练意见和建议，不重视教师队伍建设，或不提供比赛机会，那么乒乓球运动训练的质量将大打折扣。因此，要提升乒乓球运动训练质量，我们必须遵循竞赛规则、改善场地设施，并加强领导支持。这样才能确保训练的实效性和成效。

（二）优化乒乓球运动科学化训练的策略

1. 强化教师队伍建设

（1）提升教师的身体素质

在指导学生进行乒乓球训练时，教师应通过动作示范和陪练等方法，旨在提升学生技能的同时，也提升自身身体素质。此外，教师在课外也应积极参与体能训练，确保身体条件能满足乒乓球训练指导工作的需求。这样不仅能提高训练效果，同时也能为学生树立积极向上的榜样。

（2）加强教师的心理素质培养

教师在教学过程中，应重视心理素质的提升，保持内心的坚定与强大。他们需要认识到学生的个体差异以及运动技能提升的阶段性、长期性，避免追求短期成效。训练中遇到问题时，教师应冷静分析问题本质，保持平和心态，并运用科学方法予以解决。这样的做法不仅能提升训练效果，还能为学生营造一个积极向上的学习氛围。

（3）加强教师的理论知识教育

高校应定期组织教师学习乒乓球专项知识及相关的学科知识，可以邀请相关领域的专家来校指导，协助教师提升训练指导水平。

（4）提升教师的训练操作能力和执教能力

教师需要积极将学到的理论知识应用于实际训练中，通过实践不断总结经验。面对训练中出现的具体问题，教师应能够准确分析并做出超前的判断，将理论与实践紧密结合，提高训练效果。

（5）培养教师的职业素养

高校应定期举办乒乓球教师的职业素养培训活动，重点培养教师的品德修养。实践证明，教师的职业素养越高，越能获得学生的认可、尊重和喜爱，从而激发学生参与训练的积极性和主动性，提升训练的整体质量。通过这些措施，可以全面提升教师的专业能力和职业形象，为学生提供更优质的乒乓球训练指导。

2. 促进学生的全面发展

（1）加强学生的体能训练

青少年时期是人体发育的重要阶段，加强大学生的体能训练显得尤为重要。这不仅能提升他们的身体健康水平，还能帮助他们尽早拥有乒乓球运动所需的专项身体素质。因此，教师需要在乒乓球技术训练的全过程中，巧妙地融入体能训练，确保它能带来多方面的积极效果。这样既提升了学生的体能，也推动了他们在乒乓球技术上的持续进步。

（2）提升学生的心理素质

尽管大学生的心理相对成熟，但面对挑战与挫折时，仍可能出现紧张、恐惧、自卑等心理问题。因此，教师应重视对学生心理素质的培养。在训练过程中，教师可以运用模拟正式比赛、突然变更训练条件、提高训练难度等方法，助力学生塑造坚毅的心理素质。借助这些途径，学生在心理上更能应对竞技压力，在实际比赛中也能发挥更高水平。

（3）提升学生的运动技能

教师应在认可学生现有思维发展阶段的基础上，结合乒乓球运动的特点和竞赛需求，有针对性地提升他们的运动技能。这样一来，学生不仅能更深入地理解

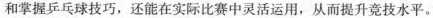

和掌握乒乓球技巧，还能在实际比赛中灵活运用，从而提升竞技水平。

3.鼓励教师在运动训练中进行创新与改革

随着竞技乒乓球运动的不断发展，教师需要具备与时俱进的意识，强化对乒乓球训练理论的研究，勇于探索并应用符合当前训练需求的前沿理论。在实践中不断总结经验，以提升理论的科学性和实用性。为实现训练的系统性和有效性，教师可以借鉴工程原理，构建科学的训练体系，确保训练过程有序进行，从而全面提升训练质量。

在乒乓球训练中，质量监控是达到预期训练效果的关键，涉及多种监控措施、方法和手段。为了实施有效的质量监控，教练应关注三个重点。（1）阶段性质量监控。全面关注训练过程，强调测试工作。教练需合理设定阶段性质量监控的监测项目和指标，确保每个阶段的训练目标得以实现。（2）小周期质量监控。针对乒乓球技术或战术的训练。教练应根据阶段性质量监控计划，结合乒乓球技术或战术发展趋势，确定具体的质量监控项目。（3）训练课质量监控。包括训练准备、态度、过程、手段和负荷等方面。教练需根据每堂课的目标和要求，实施相应的质量监控，确保达到预期效果。在进行质量监控时，教练应客观分析影响训练质量的内外部因素，确保监控措施的有效性和科学性。通过这些系统的监控方法，乒乓球训练质量得以全面提升。

为了推动大学生乒乓球运动的发展，教师不仅要完成日常教学任务，还需深入剖析近年来的重大体育赛事，以科学的方式预测未来运动趋势。据此，教师可以精心规划和组织训练活动，确保内容符合发展趋势，同时提升学生技能。改善训练环境也是重要环节，教师应致力于提供优质场地和设施，为学生创造良好的训练条件。此外，积极采纳先进的科技手段，如大数据分析运动员表现、物联网智能场馆管理、虚拟现实技术模拟比赛场景等，有助于提升训练效果。这些措施将增强训练的专业性和趣味性，激发学生潜能，有助于他们在比赛中取得佳绩。

五、羽毛球运动的科学化训练方法探析

（一）当前羽毛球运动训练的现状

在高校羽毛球训练过程中，多种因素导致训练内容和方法存在一定缺陷。这些不足不仅影响训练效果，还极大地限制了羽毛球运动潜力的挖掘。为了改善这一现状，有必要深入剖析现有训练模式，找出影响训练效率的主要因素，并采取有效措施进行改进，从而提高高校羽毛球运动的整体实力。

1.高校羽毛球运动训练内容存在的不足

在我国高校的羽毛球训练中，为确保训练的实效性和正面效应，对学生的发球、击球、扣球等基本动作的专项训练显得尤为重要。实际上，羽毛球动作的

标准化是提升训练质量和取得比赛胜利的关键。然而，当前训练工作中的一个问题在于教师在设计训练内容时往往缺乏系统性和层次感，过分侧重于高难度技巧的训练，而对基本动作的巩固练习不足。这种偏向不仅使学生的基础动作和技术不够扎实，也增加了训练的难度和风险，容易引发运动伤害。因此，我们需要优化训练内容，平衡基础技能与高级技巧之间的关系，这是提升高校羽毛球运动训练效果的关键所在。通过强化基础动作的训练，不仅能为学生奠定坚实的技术基础，也能有效降低训练过程中的安全隐患，推动羽毛球运动在高校的健康发展。

2.高校羽毛球运动训练中教师指导的不足之处

虽然羽毛球运动看似简单，但实际上对技术和战术的要求非常高。在比赛中，运动员需要根据羽毛球的飞行轨迹，灵活调整挥拍的速度和力度，确保羽毛球能够准确地落在预定的位置，从而获得得分。这也意味着，在指导学生进行羽毛球训练时，教师应当注重系统性和针对性，确保训练内容全面覆盖所有的技术要点。然而，在现实中，有些高校在实施羽毛球科学训练时，并未充分理解这项运动的特殊性，因此在训练内容的选择上出现了偏差。这些问题主要表现在训练内容过于泛化，缺乏对核心技能的专项训练，尤其是对学生在比赛中暴露出的技术缺陷，如动作不规范等问题，未能给予足够重视和及时纠正。这种训练方式不仅难以形成正确的技术动作，而且严重影响了训练效果的提升。因此，高校在羽毛球教学中，应更加关注技术细节，通过科学合理的训练计划，帮助学生建立规范的技术动作，提高竞技水平。

3.高校对羽毛球运动训练重视程度不足的问题

虽然近年来羽毛球运动的社会关注度逐步提升，观众人数也在持续增长，但与足球、篮球等热门项目相比，羽毛球的受众群体仍相对较小，热度有待提高。在这种环境下，高校对羽毛球运动的重视程度普遍不高，对其课程设置、器材配置及场地建设等方面均产生了影响。由于训练资源有限，羽毛球运动的科学训练效果也因此受到明显制约。为了改变这一现状，高校需加大对羽毛球运动的支持力度，优化资源分配，为学生提供更优质的训练环境，以推动羽毛球运动在校园内的普及与发展。

（二）羽毛球运动的科学化训练方法探析

如今，我国各大体育项目正朝着更高水平的巅峰不断迈进，这无疑对训练方法的科学性提出了更高的要求。其中，羽毛球运动在体育领域的地位日益提升，对教练员的训练方法也提出了更为严格的标准。教练员不仅要严格按照运动训练的基本原则，运用专业化的教学模式，传授专业知识与技能，更要以全面提升学生的专业能力和身体素质为目标。在这个过程中，科学合理的训练方法不仅是提升训练效果的关键，更是推动羽毛球运动持续健康发展的基础。

1. 多球训练

多球训练法是一种高效的羽毛球训练方式，教练在一端连续发射多个羽毛球，学生在对面进行接收并回击。这种方式可以让教练针对学生的特定技术进行专门训练，从而提升他们的羽毛球技术水平。根据技术特点的不同，多球训练可以分为高远球、劈吊球、滑板吊球及网前推球等专项训练。在实际操作中，教练可以模拟真实比赛情境，将各种技术动作组合在一起，设计出富有挑战性的训练内容。这样不仅有助于学生更好地掌握和运用多种技术，还能在训练过程中提升他们的有氧耐力。通过这种综合性的训练方法，学生的整体技术水平和体能都将得到显著提升。总之，多球训练法是一种全面、有效的羽毛球训练方式，旨在提升学生的技术水平和体能。

（1）训练目标

在训练过程中，教练采取逐步增加发球数量并加快发球节奏的方法，旨在同时提升训练的量和质，助力学生更高效地掌握和巩固羽毛球技术。当学生身体开始疲劳，持续训练能帮助他们保持技术动作的稳定性，提高技术执行的成功率，同时降低失误。多球训练不仅挑战学生极限，锻炼身体素质，更在心理层面上培养意志力。学生不仅在技术上实现突破，精神层面也变得更加坚韧。

（2）教学组织

在多球训练法的初始阶段，以实践为主，理论为辅，教练员在一侧球场掌控发球速度，从每5分钟50球逐渐递增至每5分钟100球。学生在对面接球，教练通过观察学生的击球动作和效果，适时给予指导，帮助他们调整和规范技术动作。多球训练一般包含若干固定轮次，每个轮次中，学生需按照预定路线在全场范围内移动。如第一轮后场练习高远球，第二轮后场吊直线球，第三轮后场吊斜线球等，每轮训练均在5分钟内完成，直至所有预定击球任务结束。这种训练模式不仅能全面提升学生的技战术水平，还能增强他们在场上的移动能力和反应速度。

（3）训练要求

在羽毛球训练中，学生需保持拍形稳定且连贯，确保搓、勾、挑等动作的协调性。网前球处理时，要抓住击球高点。后场球击打，采用侧身并步后退。高远球或吊球，均要保持拍形一致，培养跳起击球习惯。疲劳时，力求动作稳定、步伐标准。缺氧疲劳状态下，保持清晰思维，确保击球准确。多球训练中，教师旨在培养学生坚韧意志和吃苦耐劳精神。发球速度稍快于学生移动速度，以提高学生反应和移动能力。学生出现错误动作时，教师可通过口头提示引导其自我调整。若多次提醒仍未改正，则暂停训练，直接纠正。学生接近极限时，适当降低发球速度，助其攻克难关。此法既有助于学生度过极限，又能培养意志力，激励他们完成训练任务。

2. 步法训练

在羽毛球训练中，学生需根据球的飞行轨迹调整步法完成击球，因此，步法训练至关重要。主要包括三个方面：首先是起跳腾空步法，这是一种常见于高远球接击的训练步法。为提升学生的弹跳能力，可采用立定跳高方式进行训练。具体操作如下：脚后移至适当位置，双脚同时发力跃起，力求在空中准确击球，从而提升接高远球的能力。其次是上网步法，主要用于运球和接球。根据学生站位选择步法，如已处于前场，可采用两到三步的交叉步快速上网；若需更快速上网，则可选择垫步上网，即以一只脚轻触地作为支撑，迅速向前迈出另一只脚，实现加速。最后是后退步法，这也是训练重点。为全面提升学生的接球和运球能力，教师应注重正手和反手后退步法的双向训练。正手后退步法助力应对对手进攻，反手后退步法则提高防守时的灵活性和反应速度。通过针对性训练，学生的整体移动能力和技术水平将得到大幅提升。

3. 实战训练

羽毛球运动对学生身体机能和器官功能有较高要求，因此，学生需具备承受高强度运动的能力。为满足这些需求，训练应结合多种专项技能训练和实战训练，提升学生综合能力。例如，定期组织团队对抗赛，如每周两次，模拟正式比赛环境和氛围，既能提高学生竞技水平，又能增强抗压心理素质。此外，通过2对1或1对1的半场战术演练，有助于提升学生运动能力和战术运用技能，形成独特比赛风格。为巩固学生得分技术，提高击球成功率和精准度，需加强针对性技术训练。当学生积累足够实战经验后，教练应专注于战术运用训练，让学生在对抗环境中灵活运用策略和战术，实现攻防转换自如。同时，控制球速至关重要，因为击球速度与挥拍力量密切相关，需保持平衡。通过多球训练等方法，提升球的运行速度，增强比赛控制力。此外，学生反应速度同样重要。日常训练中，要注重反应能力培养，确保学生在比赛中迅速作出反应，应对各种情况。通过系统训练，学生在技术和心理上都将更加成熟，实战表现更加出色。

第二节　田径运动的科学化训练方法探析

一、当前田径运动训练的现状分析

为确保我国高校田径队的训练效果，实施科学训练显得尤为重要。这要求我们充分利用人力资源、物质资源和财务资源，激发教师和学生的积极性，合理分配各项资源，协调训练中的各项工作，实现管理工作的科学性、灵活性和人性

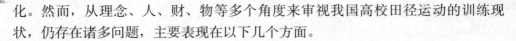

化。然而，从理念、人、财、物等多个角度来审视我国高校田径运动的训练现状，仍存在诸多问题，主要表现在以下几个方面。

（一）田径训练理念陈旧

随着时代的发展，与时俱进的田径训练理念成为高校田径运动训练的核心。然而，当前我国高校田径运动训练效果尚不理想，很大程度上是由于受到过时训练理念的束缚。田径运动包含众多项目，学生个体差异明显，因此，教师应充分重视田径训练的针对性。针对不同项目，教师应制订相应训练方法，充分考虑学生个体特点，量身定制训练计划。在实际教学过程中，教师需根据学生进度和需求不断调整、完善训练计划，而非一味地照搬初始计划。这种个性化、灵活化的训练方式既符合田径运动规律，又能提高训练效果，合理利用人力、物力和财力，避免资源浪费。总之，高校田径运动训练应紧跟时代步伐，摒弃陈旧观念，实施个性化、灵活化的训练方法，以期提高训练效果，为我国田径事业贡献力量。

（二）学业与训练之间的矛盾分析

平衡学业与田径训练在高校田径运动训练中的关系至关重要。大学生需要在完成专业课程学习的同时参加田径训练，加之寒暑假的休息时间，使得训练呈现出课余性和分散性特点。这导致训练时间不稳定，计划连续性和完整性受影响，经常与学业计划冲突，制约训练进展。当前，许多高校面临比赛与学习、课程安排与训练时间之间的矛盾，学生往往难以兼顾，进而影响学习效果和训练质量。为改善这一现象，应实施更加灵活、个性化的训练和学习安排，确保学生在不影响学业的前提下，高效参与田径训练。

（三）田径训练方式单一

田径训练与其他体育项目存在差异，其独特之处在于需要学生反复练习，长时间的单调训练可能会让人产生抵触情绪。大部分教师会选择跑步与力量训练相结合的训练模式：首先进行简单的热身运动；然后进行2000—3000米的跑步，以充分活动肌肉；接下来，利用沙袋、杠铃和高低杠等器械进行力量训练。尽管这种方式能够提升体能，但其的高强度和重复性也可能导致学生兴趣减弱。

（四）教师管理职责履行不充分

在田径运动训练中，教师扮演着重要角色，其专业水平对运动员成绩有着直接影响。因此，训练管理的重要性不言而喻。然而，当前我国高校在师资队伍建设上存在诸多不足，如教师数量不足、专业能力有待提升等。以石家庄铁道大学为例，尽管田径队约有 40 名队员，但专职教师仅有 2 人，师生比例失衡，使得教师难以对每位学生进行个性化指导。此外，教师的专业技能有限，无法满足所有田径项目的训练需求。在教师职业发展方面，如培训机会和薪酬激励机制等，也存在明显的短板。许多高校缺乏长期的教师培养计划，不能有效支持教师的专业发展，同时也无法充分激发教师的工作热情和训练动力。这些问题不仅制约了教师个人能力的提升，也对整个田径训练团队的发展产生了负面影响。

（五）田径运动训练保障措施不足

为了确保我国高校田径运动训练的顺利进行，必须实施一系列保障措施，其中包括提供充足的资金支持和完善的基础设施建设。虽然田径训练所需的器材相对简单，但对其专业性要求极高。然而，当前我国大多数高校的田径训练设施和设备尚未达到标准要求，训练场地也未能完全符合规范。此外，高校在业余训练经费方面存在明显不足，资金来源单一，主要依靠教育行政部门的拨款，然后由学校分配给体育院系管理。这种经费状况制约了田径运动科学化训练的深入发展，影响了训练质量和效果。为了改善这一现状，我们需要拓展资金来源，提高训练设施的专业水平，为学生提供更好的训练条件。

二、田径运动科学化训练的优化措施

田径教师应当借鉴国家田径队的先进训练理念，坚持以人为本，尊重规律，灵活调整，与时俱进。余维立曾强调，"掌握训练过程"这一核心理念，在于理解规律并灵活应用。这要求教师不仅要深入理解田径项目的本质规律，还要将这些规律与学生的个体特点相结合，避免一刀切的训练方式，而是要施行个性化的教学。制订训练计划时，教师通常以周为周期，但学生会在训练过程中经历不同的发展阶段，因此，训练计划不应过于僵化，而应根据学生的发展情况进行灵活调整，适时提升训练目标。为了实现这一目标，田径训练的首要任务是推动田径教师转变思维方式，摒弃过时的习惯，从思想、观念、方法和技术等多个层面与时代接轨。通过更新训练理念，教师可以更有效地指导学生，从而在训练中取得更为突出的成绩。

（一）学业与运动训练计划相协调

在高校田径运动训练中，学生无疑是核心，因此，我们需要全方位关注他们的学习、训练及生活等多方面的需求，帮助他们解决后顾之忧。课业和训练并非水火不容，学生应以学业为重；同时，合理安排田径训练。为实现这一目标，教师和教务部门需紧密协作，合理调整课程时间，避免与训练时间冲突。针对文化课成绩不达标的学生，我们不能袖手旁观，而应迅速采取措施加强辅导，确保他

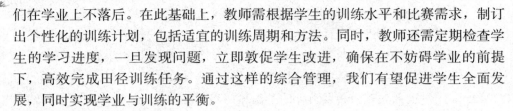

们在学业上不落后。在此基础上，教师需根据学生的训练水平和比赛需求，制订出个性化的训练计划，包括适宜的训练周期和方法。同时，教师还需定期检查学生的学习进度，一旦发现问题，立即敦促学生改进，确保在不妨碍学业的前提下，高效完成田径训练任务。通过这样的综合管理，我们有望促进学生全面发展，同时实现学业与训练的平衡。

（三）强化教师训练工作的管理措施

在招聘田径教师时，学校应优先引入经验丰富、专业能力突出的教师，并实施聘任制与考核制相辅相成的管理模式。定期评估教师的教学水平和职业素养，以此激励他们不断提升专业能力和育人水平。为了促进教师的发展，学校需建立一套完善的培训和激励机制，例如组织校际交流学习、举办专项培训等，为教师提供持续发展的平台。在课余田径训练中，学校应对教师提出更高要求，实行教师责任制。教师需在训练过程中细致观察、及时沟通、深入思考，确保发现问题并迅速解决问题，明确训练目标，灵活调整训练计划，实现教师与学生共同进步、共同发展。此外，学校还可以通过政策支持、增加资金投入、提高福利待遇和完善职业晋升渠道等方式，激发教师的工作热情，确保他们能全身心投入田径训练工作，从而提升教师的训练能力和学校的整体训练水平。通过这些综合措施，为教师创造更有利的发展环境，助力田径运动训练的长期发展。

（四）强化多媒体技术在田径训练中的应用

1.制作微课课件，对比分析田径比赛视频

在田径运动训练中，发掘学生的潜能是教师的重要任务，以便发现更多体育人才。然而，由于各种限制，教师往往难以全面了解学生的实际情况。为了解决这个问题，教师可以运用多媒体技术，制作有针对性的视频资料。例如，根据各个田径项目的特点，制作微课视频，同时收集并展示那些在特定项目中表现出巨大潜力的学生的比赛视频。通过观看这些视频，学生可以对比分析自己与优秀选手的差距，从而激发他们的学习兴趣和进取心。此外，教师还可以通过微课形式，传授运动训练方法、运动营养学等相关知识，为学生提供科学指导。然而，许多教师尚未掌握如何有效利用多媒体技术，仅仅认为播放视频就可以改变训练模式，找到更合适的训练方法。实际上，教师需要将多媒体技术与实际训练紧密结合，才能确保学生得到更好的发展。为此，学校可以组织教师参加多媒体技术应用培训，提高教师的技术应用能力，确保教学活动高效进行，推动学生全面发展。这种方式不仅提高了教学质量，还激发了教师的教学创新意识，促进了田径训练的现代化进程。

2. 运用多媒体技术讲解技术动作，提升学生运动技巧

体育教师应当依据田径项目的特点，精心制作多媒体课件，重点突显运动技能，从而使田径训练更具针对性和实效性。以 4×100 米和 4×400 米接力赛为例，教师可先通过 PPT 提炼出关键要素，如接力技巧和 400 米跑的体力分配策略等，简洁明了地阐述动作要领，助力学生迅速把握技术要点。此外，教师还可运用微课形式，详尽分析接力赛全过程，从人选到比赛策略，如第一棒应挑选爆发力强、反应快的学生，最后一棒则应注重挑选奔跑能力强且擅长冲刺的学生。通过慢动作播放比赛视频，结合视频详细解读技术动作，让学生理解后再进行实际训练，组织学生分组进行接力赛练习。学生还可自主复习微课内容，不断提升奔跑技术。运用多媒体教学模式，既能激发学生训练热情，又能大幅提升教学成效，实现事半功倍。因此，体育教师应充分利用多媒体工具进行训练，如录制学生训练视频，通过视频分析学生的动作和技术数据，及时发现并解决训练中存在的问题，进一步优化训练方案。多媒体技术的应用，不仅丰富了教学手段，还为学生提供了更直观、有效的学习体验。

3. 利用多媒体融合音乐，增强田径训练的趣味性

在田径训练中，教师需打破传统多媒体手段的局限，探索创新方式，以推动学生全面发展。借助互联网技术的普及，学校应将多媒体与田径训练紧密结合，构建科学、高效的训练体系，确保每次训练都能达到理想效果。例如，通过数据分析和图像处理技术，教师能更好地了解学生的发展情况。具体来讲，教师可以利用网络资源，搜集节奏感强烈的音乐和热身视频，如学生喜欢的音乐啦啦操。引导他们跟随音乐节拍完成热身，将音乐与跑跳、拉伸等热身动作相结合，使热身环节更具趣味性。针对田径训练中的跑圈项目，教师可以选择一些富有活力的音乐，如《奔跑》《相信自己》和《歌舞青春》等，让学生在音乐的陪伴下享受跑步锻炼，从而激发他们的训练热情，逐渐消除对田径训练的负面情绪。此外，教师还可以运用多媒体技术，融入音乐、热身和体能训练的小视频，丰富田径训练内容，使训练形式更加多元化。通过这些富有创意的训练方式，可以有效提高学生的参与度和积极性，帮助学生更加主动地投入到田径训练，进而提升训练质量和效果。

4. 运用多媒体技术进行表象训练

表象训练对于提升学生田径技能具有至关重要的作用。虽然传统的讲授、示范和演练能够帮助学生初步掌握动作要领，但对于高难度的技术动作，如腾空技巧，仅依靠语言描述和现场示范往往难以达到理想效果。教师的示范可能不够十分准确，且难以反复展示，从而导致学生难以形成正确的动作表象。然而，多媒体技术的应用可以有效解决这一难题。其定格、慢镜头、重播和回放等功能，能

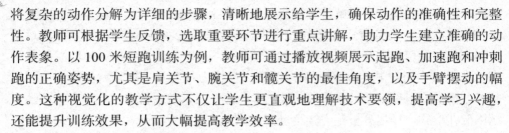

将复杂的动作分解为详细的步骤，清晰地展示给学生，确保动作的准确性和完整性。教师可根据学生反馈，选取重要环节进行重点讲解，助力学生建立准确的动作表象。以100米短跑训练为例，教师可通过播放视频展示起跑、加速跑和冲刺跑的正确姿势，尤其是肩关节、腕关节和髋关节的最佳角度，以及手臂摆动的幅度。这种视觉化的教学方式不仅让学生更直观地理解技术要领，提高学习兴趣，还能提升训练效果，从而大幅提高教学效率。

5. 运用多媒体技术培养学生的观察力

教师可以运用多媒体技术记录学生100米短跑的训练过程。在理论教学环节播放这些视频，引导学生对比自己的动作和标准动作，共同讨论动作差异，以便找出与标准动作的差距，并及时纠正错误动作，降低训练中的错误率。此外，教师可通过多媒体展示正确与错误动作的对比，引导学生观察思考，学会从细节中发现问题。同时，教师可以将视频资料拷贝或分享给学生，让他们在课余时间自行观看，找出自己的不足并进行自我修正。这种训练模式不仅能提升训练效果，还能培养学生的观察力和问题分析能力。借助这种方式，学生在直观了解自身动作的同时，也能在自我反思中不断进步。

6. 运用多媒体技术制定训练方案

随着田径运动的持续发展，学生的体能素质得到了较大提高，这也对田径训练提出了更高的要求。为此，教师需要不断优化训练过程，制定更符合学生实际需求的训练方案。利用多媒体技术制定训练方案，不仅能够提升训练方案的针对性，还能更有效地监控学生的训练状况，并提供准确的指导。在制定多媒体训练方案时，教师应将训练方法、运动营养学及运动生理学等多方面的知识融会贯通，并结合当前流行的运动软件，实现运动软件、专业知识和多媒体技术的有机结合。运动软件能为教师提供多种训练方案，增强了训练方案的多样性和针对性，有助于全面提升田径训练的质量。通过这种方法，教师既能根据学生的具体情况制订个性化的训练计划，也能及时调整训练内容，确保训练效果的最大化。

（五）强化资金、设施等保障资源的管理措施

高校体育部门需深刻理解资金与基础设施在确保田径运动科学化训练中的重要作用。为了让学生得到更专业、规范的训练，教师和体育部门应致力于争取专属的田径训练场地和规范的训练设施，以此提升训练效率，保证课余田径运动训练的专业水准。配备专业化场地、设施设备及对教师的薪酬激励，都离不开充足的资金支持。为实现这一目标，高校需创新管理理念，拓展资金来源。可以通过与企业合作、寻求赞助、开展培训项目等途径筹集资金，加大田径运动训练的投入。此外，高校还可探索更加多元化的资金获取方式，如申请政府拨款、设立专

项基金等，确保田径运动训练得到充足的资源支撑。通过这些措施，既能改善训练条件，也能为学生营造更优质的训练环境，推动田径运动科学化发展。

第三节　有氧运动的科学化训练方法探析

一、有氧运动的概念

有氧运动是在充足氧气供应下进行的一种活动形式，它使人体呼吸系统保持正常工作，确保吸入氧气与消耗量平衡。这种运动适合肥胖者等特殊人群，特点是低强度，强调规律性和节奏感，而非高强度挑战。为达到良好的锻炼效果，有氧运动需持续 30 分钟至 1 小时。根据运动强度，有氧运动可分为低、中、高三个级别。低强度如散步，心率每分钟 120 次以下，呼吸平稳。中等强度如慢跑，心率每分钟 120—150 次，呼吸加快但仍可交谈。高强度如快速跑步，心率超过每分钟 150 次，呼吸急促，难以对话。这三种运动都依赖脂肪和碳水化合物供能，但代谢途径不同。低、中强度有氧运动主要通过有氧代谢供能，而高强度运动同时利用有氧和无氧代谢供能。

二、有氧运动的效益分析

有氧运动对心血管健康有较大的积极作用。它不仅有助于降低高半胱氨酸水平，这是心血管疾病的一个重要风险因素，还能通过提高身体的氧气利用率，增强心脏和肺部的功能。除此之外，有氧运动还能优化血管内皮功能，减少有害细胞因子的产生，有效预防动脉硬化。

在骨骼健康方面，定期进行有氧运动可以预防骨质疏松，增强骨密度，降低骨折风险。对处于骨质流失高风险期的人群，有氧运动是一种简单而有效的预防措施。有氧运动在糖尿病防控方面也表现出色。它能提高身体对胰岛素的敏感性，有助于控制血糖水平，从而有效预防糖尿病。

此外，有氧运动还能促进血红蛋白的生成，对提高免疫系统效能至关重要。在心理健康方面，有氧运动的益处同样值得关注。在快节奏的生活和工作中，人们常常面临巨大的心理压力，有氧运动成为一个有效的释放渠道。通过参与有氧运动，个体能在轻松愉悦的氛围中暂时忘却生活烦恼，享受运动带来的快乐。此外，运动过程中的出汗也有助于排出体内毒素，进一步帮助缓解压力，调整心理状态。

三、优化有氧运动的科学化训练策略

（一）健身走

行走作为最基础的运动方式，自古以来一直备受人们喜爱。其之所以能够历经千年，广受各年龄段、性别及不同体能状况人士的青睐，主要原因在于其简单易行，无须任何场地和设备。无论男女老少，只要坚持行走，都能增强体质、预防疾病、促进健康长寿。这种易于普及且高效的健康管理方式，使得行走健身成为人们的首选。

1. 行走健身的健康效益

早在 1992 年，世界卫生组织就认定步行为全球最佳运动之一。步行不仅能激活下肢及全身多处肌肉，防止肌肉萎缩，还能通过提高步行速度、时间和路线坡度，对心脏进行更有效的锻炼，增强心肌收缩力，提升心跳速度，从而增强心脏功能。医学专家建议，成年人每日最少步行 60 分钟，约 5 公里。研究显示，相较于每日步行超过 1 小时的男性，步行时间不足 1 小时的男性患心脏局部贫血的风险高出 4 倍。

步行也对消化系统健康有积极的推动作用。餐前或餐后适量行走，皆可提升食欲，促进食物消化吸收，并有助于防治糖尿病。古代著名医学家孙思邈提倡"饭后适度行走"，认为行走 2—3 里或 200—300 步有益健康，可促进食欲，保持身体健康。现代医学研究进一步证实，步行能提高新陈代谢率，糖尿病患者一日徒步旅行后，血糖水平可降低 60 毫克。此外，轻松散步有助于缓解神经肌肉紧张，改善大脑血液循环，提高脑细胞功能，促进身体健康。

2. 健身走的基本技巧

健身走看似简单，实则包含诸多专业知识。掌握正确的健身走技巧，不仅能提升身体素质，还能塑造优美体态。

（1）保持正确姿态。行走时，头部端正，目视前方，躯干自然挺直，肩膀放松，胸部微挺，腹部微收。此姿势有助于经络畅通，气血运行顺畅，保持身体良好状态。

（2）身体重心合理转移。步行过程中，重心向前移动，手臂与腿部动作协调，步伐稳健自然，步幅适中，两脚着地有节奏感。

（3）呼吸方法得当。步行时，呼吸自然流畅，推荐采用腹式呼吸，即呼气时稍用力，吸气时自然。呼吸节奏与步伐节奏相匹配，有助于长时间步行时减轻疲劳。

（4）力量与放松转换。步行时，学会在用力与放松间灵活切换，如先用力走几步，再顺势轻松走几步。这不仅能提高步行速度，还能让人感觉更轻松，节省

体力。

（5）加强脚部抓地动作。步行时，接触地面的脚应做"抓地"动作，即脚趾微向内收。这有助于脚部及腿部微循环，提高行走舒适度。

（6）调整步行速度。根据个人情况，调整步行速度。研究表明，每分钟前进80—85 米的速度连续行走 30 分钟以上，对预防疾病和促进身体健康效果最佳。

遵循以上原则，提高健身走质量，让这项简单运动成为日常生活的重要部分，为健康带来长远效益。

（二）健身跑

健身跑作为一种大众化的体育活动，旨在通过跑步的方式，全面提升个人的身心状态。虽然它可能不如其他运动项目那般引人注目，但健身跑无疑是最简单且高效的有氧运动之一。无须烦琐的装备或特定的场地，每个人都能根据自己的条件和喜好进行，从而尽情享受跑步带来的诸多好处。

1. 健身跑的健康效益分析

（1）保护心脏。跑步锻炼对心血管健康有着较好的维护作用。长期坚持跑步，能够保持冠状动脉的畅通，即使年龄增长，动脉也不易狭窄，保障心肌得到充足供血，有效预防心脏疾病。

（2）作为一种全身性运动，跑步能加速血液循环，优化血液分布，消除血液淤积，并对提升呼吸系统功能产生积极作用。跑步时，加大呼吸力度和幅度，增加肺部气体交换，促进静脉血液回流，减少下肢和盆腔区域血液淤积，有助于预防静脉血栓。

（3）跑步还对神经系统有良好的调节作用，帮助脑力劳动者缓解疲劳，预防神经衰弱。它能调整大脑皮层兴奋与抑制，平衡人体内部机能，调节情绪波动，振奋精神。

（4）跑步能促进新陈代谢，有利于体重管理和预防肥胖。在跑步过程中，大量消耗能量，促进新陈代谢，成为中老年，尤其是中年人减肥的理想选择，同时改善脂质代谢，防止血脂过高，有效预防和控制高脂血症。

2. 健身跑的基本技巧

（1）跑步时的姿势

跑步姿势的正确性对于提高跑步效率和确保舒适度至关重要。在跑步时，应保持身体直立，略微向前倾斜，使头部和上身保持直线，避免晃动。双臂的摆动不仅可以保持身体平衡，还能协助双腿的蹬地和摆动，进而提高跑步速度。在摆臂过程中，双臂应略微离开身体，自然地前后摆动。双手呈半握拳状，肘部适度弯曲，以肩关节为中心。前摆时，肘部不应外露；后摆时，手部不应超出视线范围。同时，要保持头部抬起，腰部直立，肩部放松。跑步时，双腿的后蹬动作是推动身体前进的主要动力来源。后蹬时要有力，确保髋关节、膝关节和踝关节充分伸展。而腿的前摆动作有助于扩大步幅，前摆时大腿应保持放松，自然向前摆动，形成自然的折叠状态。通过运用这些技巧，不仅能提升跑步速度和效率，还能有效降低受伤风险，使跑步变得更加安全舒适。

（2）跑步时的呼吸技巧

跑步是一项高度消耗体力的运动，在跑步过程中需要通过肺部大量吸收氧气并排出二氧化碳。肺部的换气效率以及呼吸方式正确与否，直接关系到运动中疲劳感的出现时间。为了确保跑步时的呼吸顺畅，建议主要使用鼻子呼吸，如果呼吸变得急促，也可以辅以口部呼吸。呼吸时应保持缓慢而深长，维持一定的节奏，常见的呼吸模式包括两步一呼、两步一吸，或者三步一呼、三步一吸。随着跑步速度的提升，呼吸的深度和频率也应相应增加，以满足身体对氧气的需求。

对于强度较高的跑步训练，呼吸频率会迅速上升，初学者可能会遇到呼吸困难的问题。为了避免这种情况，一方面需要合理规划运动的强度和负荷，根据个人实际情况量力而行；另一方面，应注重呼吸技巧的练习，适时调整呼吸的节奏和深度。通过这样的方法，不仅能够有效缓解呼吸困难的现象，还能提升跑步的整体表现。

第七章　高校体育教学与运动训练发展策略

第一节　构建高水平的师资队伍

教师对学生的影响不仅局限于知识的传授和疑惑的解答，还包括日常行为习惯的培养。因此，高校应致力于打造一支高素质的师资团队，高度重视教师专业素养和综合素质的提升。这不仅有助于提升教学质量，还能对学生全面发展产生积极影响。

一、认识深化

（一）更新体育教师的学术观念与教学理念

传统学术观和教学观曾使部分高校体育教师过分注重科研成果和论文数量，而忽视了教学的重要性，导致教学与科研之间的矛盾而非互补关系。但随着时代变迁和社会发展，高校体育教学也面临新的挑战和机遇，传统学术观和教学观的局限性日益显现。这些观念是在特定文化背景下形成的，随着教育环境的变化，更新这些观念变得尤为重要。提出高校体育教学学术的概念，对拓宽和深化学术观与教学观具有深远意义。这需要体育教师关注最新学术动态和教学理念，并在实践中不断更新和发展自身学术观与教学理念，这本身就是教学学术能力的体现。新旧观念的更替不仅为体育教师职业发展指明方向，也为他们实现自我价值搭建平台，促进教学实践的深入探索和个人风格的形成。重塑学术观与教学观能有效激发高校体育教师的积极性，引导他们更加关注体育教学实际需求，充分关注和解决影响知识传授效果的各种因素。这一过程不仅提升了教学质量和效果，还为教师个人职业发展开辟了新路径。

在体育教学实践中进行研究，并不断调整优化教学方法，有助于实现高校体育教学质量的持续提升和教师教学学术能力的稳步增强。这一过程既要求教师将理论知识融入实际教学，也鼓励他们在实践中发现问题、解决问题。通过不断探索和创新，教学效果得以提升。此举不仅能提高学生的体育技能和身体素质，还能促进教师专业素养的发展，形成教学与研究相互促进的良性循环。

（二）为体育教师提供教学学术指导

我国体育教学普遍遵循教师主讲的方式，这种单一模式既让课堂显得单调，也降低了学生的学习积极性，同时也使教师在教学过程中感到疲惫。因此，我们需要转变这种以教师为主导、学生为被动接受者的传统教学模式，转向以学生为主体、教师为引导者的新型教学模式。

长期以来，由于传统教学模式和学术观念的影响，学校对体育教学的研究重视不足，未能给予体育教学应有的学术地位。高校应积极引导体育教师理解教学学术的含义，深入认识其重要性，并帮助他们适应新的教学理念。

一旦体育教师能够接受并认同教学学术的理念，他们将会在实际行动中体现出来。通过营造良好的体育教学学术氛围，以及基于其理论基础，指导体育教师构建和完善教育教学理论体系。然而，在实际体育教学中，由于学校对体育教学学术的支持有限，氛围不够浓厚，以及教师对不同学科的理解程度不一，高校体育教师对教学学术的看法可能存在差异。

因此，为体育教师提供教学学术方面的指导显得尤为重要，这不仅能激发他们的创造力和学术热情，还能帮助他们准确理解教学学术的本质，从而在教学实践中展现出更高的专业水平。

（三）营造重视体育教学学术的氛围

为了提高高校体育教师的学术创新能力，我们需要打造一个专门的平台，营造尊重和推崇体育教学学术的氛围。这样，体育教师就能在愉快的工作环境中，充分发挥他们的创新精神，投身于体育教学学术的研究。在此过程中，高校应全力支持体育教师，为他们提供必要的外部条件，确保他们能够专注于教学。

我们应确立体育教学工作为核心的理念，认识到教学学术能力的发展是一个动态而稳定的过程。这一过程离不开体育教师的创新精神和不懈努力。为了鼓励他们积极参与教学研究和交流，高校应调整管理模式，赋予体育教师更大的教学自主权，并为他们提供更多的学习与培训机会。

在当前多元环境下，高校应鼓励体育教师从不同角度探索体育教学领域，勇于表达自己的见解并与同行交流。这不仅能拓宽体育研究的视野，发现体育教学中的潜在问题，还能激发新课题的产生、新领域的形成及新问题的解决。通过合理整合相关知识，运用更适合学生的教学方法，体育教师最终能提升自己的教学学术能力。

总之，营造一种尊重和推崇体育教学学术的氛围，对于推动高校体育教学的发展具有深远意义。让我们共同努力，为高校体育教师的学术创新提供大力支持，助力我国体育教育事业更上一层楼。

（四）体育教师应注重提升自身的教学学术能力

体育教师要在教学学术能力上取得较大进步，就必须拥有坚实的学科基础和丰富的体育教育教学知识。这不仅能深化他们对学科知识和教育理论的理解，还能为开展体育教学学术研究打下坚实基础。在他们熟练掌握专业知识的基础上，体育教师应不断研究和反思教学过程中遇到的问题。熟悉教学内容不仅有助于提升高校体育教学质量，还能在体育活动中更熟练地运用教育理论知识。此外，体育教师应主动与同行交流探讨，以便及时发现并解决教学中出现的问题，避免其他教师犯同样的错误。因此，高校体育教师不仅应专注于体育教学，还需保持反思态度，通过不断的实践与探索，促进自身专业发展和教学学术能力的提升。

大部分高校体育教师在研究生阶段的学习和训练中，已经在学术研究能力上打下了坚实基础。然而，他们在体育教学领域的自我反思能力却往往被忽略，许多教师对教学内容的了解仅停留在表面层次。要深入探讨体育教学学术，体育教师必须提升自身的反思研究能力和基本素养。为此，体育教师应充分利用已有的反思探究能力和素养，将其融入体育教学实践。在教学过程中，重视反思教学方法和效果，不断寻求改进与创新，从而提升个人教学学术能力。这种做法不仅有助于个人专业发展，还能推动我国高校体育教师整体教学学术能力的发展。

二、知识拓展

（一）建立体育教师专业学习社群

"学习社群"是由学习者、辅助教师及专家等成员组成，通过资源共享和协作完成特定任务，共同发展的团体。在高校体育教师的专业发展领域，专业学习社群是指体育教师与同行及专家共同组成的团队，旨在通过互动式学习，促进成员之间的探讨与学习，实现共同进步。传统体育教学中，师生在同一空间内进行面对面交流，自然形成了一定程度的学习社群。然而，高校体育教学活动因其多样性、特殊性和复杂性，单凭个人难以激发出新的创意和解决方案，因此，建立一个专业的学习社群显得尤为重要。

通过构建这样的学习社群，提供一个开放的合作平台，可以无形中促进高校体育教师之间形成"共同成长、携手前行"的良好氛围。在这个平台上，体育教师能够与优秀的同行深入交流，无私分享教育资源，相互促进发展。每位体育教师都能通过参与专业学习社群，获得更加丰富和全面的知识体验。构建体育教师专业学习社群，不仅能够激发教师的教学学术热情，挖掘他们的学术潜力，还能激励他们全身心投入到教学实践中，从而全面提升高校体育教学的质量和水平。

（二）扩展体育教师教育教学培训的内容

当前，高校体育教师的教育教学培训较为单一，主要聚焦于教学方法和处理师生关系等，对于教育教学核心内容的探讨不足，甚至有时流于形式。这导致许多体育教师对教育教学的本质理解不够深入，难以迅速适应教师角色。为此，教育培训内容应更加多元化，涵盖教育教学相关的知识领域，如心理学等，帮助教师更好地完成角色转变，熟悉学科专业知识和教学方法。换句话说，体育教师的教育培训不应仅关注专业知识，还需深入探讨教育教学理论。高校体育教师的教学学术活动需具备明确的目的性、针对性和系统性。如果没有系统地接受教学学术专业课程的培训，教师可能会因为理论水平和能力不足而落后。随着知识更新的不断加快，为了推动高校体育教师教学学术理念的进步，必须更新观念，学习新知识，掌握本专业的最新动态。通过丰富教育培训内容，充实体育教师的教育教学知识，激发他们树立终身学习的意识，不断提升教学学术能力，从而更好地服务于教学工作。

（三）体育教师教育教学培训方式的多元化

对于体育教师来说，拥有丰富的教育教学专业知识是其职业发展的重要基础。然而，高学历并不必然意味着教学水平高，体育教师的专业发展不仅需要深化学科知识和技能，还需要充实和提升教育教学知识，并将二者融会贯通。这一过程需要不断磨炼，因此，优化体育教师的教学培训形式就显得尤为重要，以期达到更好的培训效果。单一的培训形式可能会使体育教师陷入固定的思维模式，误认为他人的成功教学经验可直接套用。因此，培训内容也应适时调整，加入更多贴近实际、富有特色的体育教学学术内容，加大教育教学理论的深度，从而更好地推动教师的教学实践。为了满足体育教师多元化的学习需求，兼顾个人发展特点，我们可以通过组织高校体育教学研讨会、开展同行评审等专业化培训活动，进一步提升和优化体育教师的教学实践能力和教育教学知识的传播。培训形式的多样化的目的在于通过系统化和专业化的培训，激发体育教师自主研究教学学术的兴趣，调动他们参与教学实践的积极性和主动性，从而推动高校体育教师教学学术能力的持续发展。

（四）聚焦体育教学学术的前沿课题研究

体育教学学术前沿课题是指当前国际体育教学领域关注的热点议题及未来研究趋势。然而，由于其理念与传统学术观、教学观存在差异，导致学术界和一线高等教育管理者和体育教师对其接纳度不高。在理论研究方面，体育教学学术需要不断关注前沿课题，深入研究现有教学中的问题以及未来研究方向。尽管体育教学学术研究已取得一定成果，但其内涵、构成和评价标准等基本理论问题仍存在争议，亟待进一步探讨。因此，体育教师应积极关注体育教学学术前沿课题，通过查阅相关文献，提升自身的教学学术素养。在提升教学学术能力过程中，体育教师需要掌握坚实的学科专业知识和丰富的教育教学理论知识。只有不断充实和发展学科专业知识，紧跟体育教学学术前沿热点，才能实现知识的更新与丰富。然而，长期以来，部分高校体育教师的课堂内容、教学方法和教学计划鲜有变化，未能跟上时代步伐，导致其专业学科知识和体育教学学术能力逐渐减弱，难以达到高水平教学。因此，关注体育教学学术前沿课题，不仅有助于提升体育教师的教学学术能力，也能增强其教学学术素养，促进个人职业生涯的持续发展。

三、组织支持

（一）增强体育教研室的学术功能

体育教研室是一个根据体育专业和课程设立的教学研究机构，它在高校中体现了体育教学的核心地位，同时也是体育教师专业发展的重要平台。体育教研室的学术职责包括承担学校科研任务和组织定期学术交流活动。建立高校体育教研室的目的是为体育教师提供一个成长和发展的环境，使他们能够将教学需求转化为实际行动，并在团队中分享经验和成果。通过共同研究教学问题，体育教研室不仅推动了教师个人的专业提升，还提升了整个团队的教学研究能力。

高校体育教研室作为一个知识交流的社群，其成员在动态的互动中更容易激发体育教学研究的灵感，推动体育教学的发展。作为体育管理体系中最基层的单位，体育教研室需要增强其学术性。尽管其最初的定位是专注于体育教学研究，但在实际操作中，教研室往往扮演着"中间人"的角色，主要负责执行学校分配的各项任务，真正有时间投入研究的体育教师并不多。这导致教研室难以充分应对高校体育教师面临的各种具体问题。

因此，有必要强化体育教研室的学术职能，以全面提升体育教师的教学观念和知识技能。通过明确教研室作为教学研究机构的性质，为高校体育教师提供一个深入交流的平台，促进教师之间的知识分享与合作。这不仅有助于增强体育教师的反思能力，还能有效提升他们的教学学术水平。通过这种方式，体育教研室能够更好地支持教师的专业发展，促进体育教学的持续改进和发展。

（二）培育体育教师教学学术社群

培育高校体育教师教学学术社群，有助于跨越学科和院系边界，使体育教学学术不仅得到认可，还能制度化，成为推动体育教师专业发展的核心。为实现这一目标，高校应以教研室和实验室为基础，构建体育教师教学学术社群。实际上，教研室和实验室已具备这类社群的初步形态。此外，高校还应通过跨学科方式创建体育教学学术学会或期刊，定期举办学术研讨会，为体育教师提供展示研究成果和交流教学理念的渠道。

通过这些措施，可以提高体育教学的公共价值，使其成为真正的"公共资源"，并赋予其新的内涵和生命力。同时，这有助于在体育教学与科研之间建立沟通桥梁，缓解二者之间的对立与矛盾，促进体育教学与科研的紧密结合。培育体育教师教学学术社群，鼓励教师进行反思性教学，不仅有助于提升高校体育教师的教学学术水平，还能激发他们的创新意识和研究热情，推动体育教学事业不断发展。

（三）构建体育教学学术成果的展示平台

随着高校不断开发在线课程，体育教学方式也在经历变革。因此，构建一个体育教学学术成果展示平台变得尤为重要。当前，体育教师在分享教学学术成果时，缺乏有效渠道，这不仅限制了成果的传播，也使有意从事教学学术研究的教师难以获取宝贵的学习资料。为此，学校应搭建一个更为开放的平台，用于分享和传播体育教学学术成果。

许多高校已推出在线公开课，为学习者提供丰富资源，同时也为体育教师展示教学成果提供机会。在大数据时代，体育教师需适应新学习方式，采用符合时代发展的教学方法。高校可运用大数据等数字技术，更高效地展示体育教学学术成果，让更多同行了解优秀教学案例和研究成果。这一举措不仅有助于体育教师记录个人成长历程，体验教学成功，还能激发他们对体育教学的内在热情。

此外，高校的出版社、校刊和校园网等媒体可以为体育教师设立专门的体育教学学术专栏，促进校内外教师间的成果分享与学习交流。通过现代教育技术，高校还可以实现体育教学学术资源的广泛共享，进一步推动体育教学学术的发展。

（四）组织以提升教学学术能力为核心的体育教研活动

体育教研活动是体育教师针对教学难题进行探讨和研究的过程。这类活动能有效促进团队合作，助力教师掌握前沿知识，提升教学效果。然而，许多体育教师在将理论应用于实际教学时，常常遇到困难。为此，以提升教学学术能力为目的的体育教研活动，旨在帮助教师在教学实践中发现并解决问题，获得有效指导。为解决体育教学中的学术问题，我们有必要定期举办体育教研活动，让体育教师有机会向经验丰富的同行学习，明确教学问题并获得解决问题的方法。通过教学反思，以提升教学学术能力为核心的体育教研活动，将教学实践与科学研究相结合，产生具有学术价值的成果。这是一个体育教师通过系统观察和调查，进行持续的、逐步深入的智力探索过程。因此，重视教学学术能力的体育教研活动至关重要。体育教师可以撰写教学研究笔记、定期进行教学总结，撰写体育教学学术报告或论文，并与同行分享交流。此外，与专业的体育教学研究者合作，进行互评，集思广益，共同推动体育教学学术的发展。这样的教研活动不仅有助于教师个人的专业发展，还能为整个体育教学领域的进步提供宝贵参考。

（五）促进体育教师进行跨学科教学学术交流与合作

跨学科这一新兴概念在我国受到日益关注，正逐步成为教育改革的重要推动力，尤其在高等教育体育教师角色上体现得尤为突出。跨学科的核心在于创新性整合不同领域资源或知识，激发新的教学灵感与方法。对高校体育教师而言，这意味着跳出传统教学框架，积极吸收其他学科新知，通过跨学科互动与合作，丰富教学内容与手段。这种教学方式不仅能拓宽视野、提升个人专业素养，也能推动学科深度融合，为学生提供多元化学习体验。为实现这一目标，高校应打造开放、支持性的学术交流平台，鼓励体育教师积极参与国内外教学研讨和培训，掌握体育教学最新发展趋势。同时，体育教师需培养跨学科敏感性与理解力，具备整合不同学科知识的能力。如此努力，既能促进体育教师教学技能提升，也能激发教学创新潜能，推动教育体系朝更加开放、包容的方向发展。

四、制度保障

（一）构建全方位多维度的体育教师学术评价体系

在我国高校体育教学领域，随着教学学术影响力的不断提升，体育教师的职业发展路径正逐步丰富和多样化。为了适应这一变化，高校体育教学不仅要关注体育教师的课程研究进展，还需对其教学质量进行全面评估。以学生为核心，推动体育教学研究与改革，重视体育教学学术研究，目的在于提升学生的主动性和创新能力，同时改革体育教学评价机制。当前，许多高校将论文发表数量和教学职称作为衡量体育教师学术水平的主要指标。然而，这种做法可能导致教师为追求这些指标而忽视教学质量的提升。因此，构建一套全面且多维度的体育教师学术评价体系显得尤为重要。该体系应确保体育教学学术成果与科学研究成果地位平等，从而促使学校加大对体育教学学术的支持力度。体育教学学术研究具有跨学科特点，要求体育教师具备广泛的知识背景和综合能力。因此，不应将体育教师的工作简单划分为教学与科研两个独立部分。这种做法既削弱了教学与科研之间的联系，也限制了体育教师的全面发展。相反，构建全面多元的评价体系可以鼓励不同专业背景的教师互相学习、协作，充分发挥团队整体优势。这样的评价

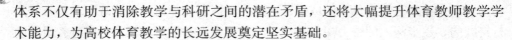

体系不仅有助于消除教学与科研之间的潜在矛盾，还将大幅提升体育教师教学学术能力，为高校体育教学的长远发展奠定坚实基础。

（二）建立科学的体育教师教学学术能力评价体系

当前，体育教师的教学学术能力评价仍存在重科研、轻教学的倾向，评价标准也相对固化，未能及时更新。为实现教学与科研的平衡，我们需要拓宽评价范围，构建更合理的体育教师教学学术能力评价体系，确保教学重要性在学术评价中得到充分体现。这个新体系需对评价标准进行精细化划分，推动高校体育教学学术评价走向合理。尤其要强调体育教学学术的独特性，使之获得应有的认可和尊重。鉴于高校体育教学的不确定性和教师教学风格的多样性，评价体系需更准确和科学化、多元化，以适应不同教师的发展需求。它应涵盖教师课堂表现、学生状况评估等多个方面，结合学生反馈和其他教师的观察，全面评价体育教师的教学过程。评价结果应及时反馈给教师，以便他们根据反馈调整教学策略，提升教学水平。如此既能促进教师个人发展，也有助于提高高校整体体育教学质量。

在高校体育教学中，评价体系的相关问题及实际挑战始终是焦点。新兴的体育教师教学学术能力评价制度为解决这些难题提供了新契机。以教学学术为核心理念，我们可以构建一个分类清晰、阶段明确、主体多样、形式丰富的体育教师评价体系。这一体系不仅从制度上确保体育教学的核心地位，还能促进体育教师的专业发展。通过这样的设计，高校体育教学质量和效果将大幅提升，同时更能满足教师与学生的个性化需求。

（三）优化体育教师教学知识与能力培训体系

教育教学知识包括基础理论和方法，高校体育教师应学会将所学知识应用于实践，形成理论指导实践、实践回馈理论的良性循环。体育教师需要通过长期学习、积累和总结，扎实掌握教学理论知识和丰富学科知识。在独立科研的同时，保持开放心态，吸收最新研究成果，提升教学学术水平。

体育教师的职业特点决定了他们不仅需具备深厚的教学知识，还应具备专业能力。有针对性的培训有助于体育教师不断提升教学知识和技能，逐渐走向成熟。在接受从基础到高级的教学知识和能力培训过程中，体育教师会受到同事多样化教学风格和方法的影响，无形中丰富自己的教学经验。教学知识与能力构成教学学术能力基础，研究与教学相辅相成，缺一不可。

因此，优化体育教师教学知识和能力培训体系，旨在依据科学教育理论，将学科知识转化为实际教学能力。在培训过程中，体育教师需不断反思和总结，积极向同行学习，全面提升教学学术能力。

（四）构建体育教师教学学术激励体系

高校体育教师的教学学术激励机制与其职称晋升、学术资源分配密切相关，其核心在于教师在学术领域的声望和地位。有效的激励手段能够激发体育教师参与教学学术活动的积极性，提升他们对教学学术的热情，并鼓励他们积极参与学术交流和研究。因此，在制定激励制度时，应着力解决现有问题，如在制定评价标准时，加大体育教师教学学术成果的权重，确保在教学方面表现优异的教师在职称评定等方面享有更多话语权，维护他们的职业热情和信心。

当前，尽管我国已实施了一些针对体育教师的教学奖励政策，但多数奖项仍倾向于知名专家和教授，一线教学教师往往难以获得认可。这种科研与教学评价标准的差异导致教学评奖的影响力远不如科研评奖，教学地位的提升因此受限。为解决这一问题，构建体育教师教学学术激励机制至关重要。这包括但不仅限于增加体育教师评奖名额，还要加大高校资金投入，为体育教学学术发展提供足够支持。通过这些措施，既能激发体育教师在教学实践中的创新精神，也能推动他们积极开展教学研究和学术交流，从而全面提升高校体育教学水平。

第二节 准确把握运动训练与体育教学的互动作用

体育教学目标的实现，关键在于运动训练的有效整合。如果体育教师在教学过程中忽视了与实际训练的关联，学生可能会对运动训练产生反感。因此，体育教师需充分认识到运动训练与体育教学相结合的重要性，通过科学的方式将二者有机结合，促进双方的共同提升。在课堂上，教师应巧妙地将运动训练融入教学，引导学生正确理解和掌握体育竞赛的基本概念、规则及注意事项，从而激发学生的体育兴趣和意识。

虽然运动训练和体育教学共享诸多相同要素，但组织形式和侧重点各有不同。体育教学以教学方法和手段为主导，而运动训练则更注重训练方法和技术的应用。基于这一特点，我们能否在体育教学与运动训练之间构建一种互补与借鉴的新关系呢？答案无疑是肯定的。通过这种关系，既能使体育教学更贴近实际运动训练，提高学生的实践能力，又能为运动训练提供理论支持，增强训练效果。这种互动关系的建立，有助于形成更加完整、高效的体育教学体系，为学生的全面发展提供有力保障。

一、倡导体育教学与运动训练协同发展的积极理念

在我国高校体育教学活动中，我们需要转变传统的发展观念，探寻多元化途径，以促进体育教学与运动训练的协同发展。作为教育活动的核心组织者和指

导者，体育教师在为学生设定日常体育课程学习重点方面具有至关重要的作用。科学、规范的教学内容不仅能提升学生的体育意识，也能极大激发他们的运动热情。

当下，我国高校体育教师需要树立体育教学与运动训练相结合的协调发展观。同时，教师应注重培养学生的体育观念，让他们认识到体育教学与运动训练相结合的重要性。通过亲身参与各类体育活动，学生能更加积极地投入到体育运动中，不断提升自身运动水平。

此外，教师还需强化学生的安全意识，确保在安全的前提下开展丰富多彩的体育教学活动，降低事故发生率。高校也应加大对体育基础设施的投入，定期检查和维护校园内的体育设施，及时更新和修复损坏设备。通过增加资金支持，改善体育场地和设施，为体育教学与运动训练的平衡发展提供良好的物质条件。这不仅能提升体育教学质量，还能为学生提供更为安全、舒适的运动环境，促进他们身心健康发展。

二、在体育教学中提升大学生对运动训练的兴趣

为了全面提升国民素质，培养全面发展的优秀人才，我国高校体育教学不仅需要传授体育知识、运动技能，还需关注学生心理素质和社会交往能力的培养。因此，如何有效激发并保持学生对体育的热情，已成为高校体育教学和实践环节的核心议题。实际课堂教学中，我们有针对性地制订计划，运用"诱导兴趣教学法"，能显著激发学生对体育的兴趣，使其热情更加明确且持久。这种教学方法不仅有助于提升学生的身心健康和运动技能，还能培养他们对体育的热爱，形成自发参与体育锻炼的习惯，为培养学生终身热爱体育运动奠定坚实基础。

（一）兴趣在体育学习中的重要性与功能

兴趣是个体对特定事物或活动的认知和参与心理倾向，表现为个人对该事物或活动的选择偏好和积极情感反应。体育兴趣则是指人们积极参与体育活动的心理状态，与体育活动需求密切相关。根据兴趣性质，体育兴趣可分为直接兴趣和间接兴趣。直接兴趣源于体育活动本身的吸引力，与具体活动相伴而生，随活动结束而消退，也称为短暂兴趣。间接兴趣则由体育活动目标或结果激发，即使活动结束，兴趣仍能持续存在，逐渐发展为稳定兴趣，即长期兴趣。体育兴趣对学生体育参与行为具有显著导向作用，决定他们参与体育活动的方向和深度。间接兴趣有助于满足学生在体育知识、技能学习以及身心健康方面的需求，带来愉悦的情感体验。当学生对体育活动感兴趣时，他们更可能主动、积极地投入学习和训练，使学习过程轻松愉快，并高效掌握运动技术和动作。

如果体育教师能够充分认识到兴趣在教学中的重要性，并有意采用"诱导兴趣教学法"进行指导，就能有效提升学生的体育兴趣指向性和持久性。这不仅有助于教学任务的顺利完成，还能进一步促进学生的身心健康和运动技能的提升。通过这种方法，教师可以更好地培养学生的体育热情，帮助他们养成自觉锻炼的习惯，为培养学生终身热爱体育运动奠定坚实基础。

（二）高校体育竞赛项目的趣味化改造

高校体育教学致力于全面提升学生的综合素质，增强其社会适应能力。然而，由于竞技体育项目的训练强度较大，且大学生在身体条件和运动技能上存在较大差异，一些竞技性强的体育项目并不适合在课堂上进行统一教学。尽管竞技项目是实现体育教学目标的重要手段，但为了适应学生的实际情况，有必要对这些项目进行适当调整、改良和精炼。将竞技体育以游戏形式引入高校体育教学中，不仅创新了教学方法，也满足了现代大学生身心发展需求。这种方式既能激发学生的学习兴趣和参与热情，让他们在享受运动乐趣的同时，掌握必要的体育知识和技能。最终，这有助于提高学生的身体素质和体育运动水平，实现体育教学的根本目的。通过这样的教学设计，高校体育教学既能满足学生个性化的学习需求，也能促进他们全面发展。

1.体育竞技项目游戏化的核心含义

游戏化竞技项目并非简单地将体育与游戏结合，而是一种创新的教学方式，旨在激发学生的体育兴趣。它以轻松愉快的环境为载体，通过寓教于乐的方法，既强调学生的主体地位，又充分发挥教师的主导作用，实现了教育与娱乐的有机结合。在教学过程中，加入游戏元素，可以让学生在愉快的氛围中掌握运动知识和技能，体验到成功的喜悦，进而更积极地参与体育活动。此外，这种教学方法还能帮助学生获取体育知识和技能，提高身心素质，培养终身锻炼的习惯，最终推动高校体育教学目标的实现。

2.高校体育教学中竞技项目游戏化的价值与意义

（1）强身健体

在我国高校体育教学中，将竞技项目游戏化不仅能为教学活动注入了更多趣味，而且其设计和实施都紧紧围绕着促进学生身体健康这一核心目标，进一步突显了体育教学的健身特性。通过把竞技项目转化为游戏形式，学生在参与这些富有趣味的体育活动时，能更加积极主动地投入到课堂学习中，从而提升了课堂的参与度和学习热情。从长远来看，这种方式不仅有助于提高学生的体质，还能在教学过程中潜移默化地融入游戏背后的价值观，为学生带来愉悦的学习体验。因此，学生在享受游戏乐趣的同时，也能在不知不觉中提升自身的体育技能和健康水平。

（2）培养体育兴趣

学生精力充沛、思维活跃，对新奇事物充满好奇。因此，高校体育竞技项目的游戏化设计，凭借其娱乐性和趣味性，成功打破传统课堂的沉闷，吸引了学生的目光。这种教学模式将难度设定在适宜范围，活动强度适中，且增强了学生间及师生间的互动，使学生在课堂上的积极性大幅提升。在这样轻松愉快的学习氛围中，学生不仅更积极地参与体育活动，还能在愉悦的氛围中高效完成学习任务，实现体育技能和个人素质的双重提升。

（3）培养团队意识

竞技项目的游戏活动多以团队形式开展，强调互帮互助，携手达成共识。在集体荣誉感的鼓舞下，参与者纷纷肩负起应有的责任，通过协同合作来实现共同目标。随着活动的不断深入，学生的团队协作意识也逐渐得到提升。竞技项目自带对抗性，学生在游戏化的活动中，为了团队的共同目标，会充分发挥个人才智，共同攻克难题。这样的过程不仅有助于培养学生的团队合作精神，还能激发他们的创新思维和解决问题的能力。

（4）培养竞争意识

竞技体育的核心在于挑战自我，而游戏的本质则是以竞争和追求胜利为目的。在游戏化教学中，学生需发挥自身的身体条件和心理素质优势，不断发掘个人潜能，以在游戏中获得胜利。这种教学方法不仅引领学生重新认识竞技运动的技巧和体育精神，还使他们在实践中感受到竞技体育那种不屈不挠、勇往直前的拼搏精神。由此，学生在潜移默化中培养了竞争意识，激发了追求卓越、挑战自我的动力，进而展现出更高的参与热情。

（5）培养社交能力

通过游戏化的体育竞技项目，教学活动构建了师生互动的有力平台。在教师的引导下，学生通过合作与竞争，增进彼此了解，强化情感纽带。在团队协作过程中，集体荣誉感使学生自然地形成团结整体。竞技游戏提供了丰富的交流、互助和共同进步的机会，有助于增进学生间的真挚情感。此外，这种形式的体育活动为学生带来多样化的运动体验，既增强了自信，也促进了学生全面发展。

3.高校竞技项目游戏化教学实施策略

（1）确立科学合理的教学目标

教学目标是高校体育教学的灵魂，确保其科学性和合理性是实现高效教学的基础。在进行运动游戏化教学时，我们需要根据实际教学需求，精细化设计教学目标，而非仅仅将竞技运动的训练目标照搬到课堂上。基于此，竞技项目游戏化教学应着重关注以下几个方面：

①培养学生的体育锻炼意识和能力，使他们深入理解竞技体育及体育游戏的

文化价值；

②通过体育教学，全面提升学生的身体素质，让他们在学习过程中感受到乐趣；

③激发学生对体育课程的兴趣，帮助他们养成良好的学习习惯和终身锻炼的意识；

④磨砺学生的意志力，塑造积极向上的精神风貌。此外，在组织体育比赛时，需对竞技项目的难度、规则及训练强度进行适度调整，确保其符合学生的实际情况。同时，根据教学场地和设施的具体条件，灵活调整教学内容，保证学生能在竞技项目游戏化教学中获得成就感和成功体验。

（2）依据竞技项目特点进行游戏的重新设计与改编

在实施竞技项目游戏化教学时，我们需要根据各项运动的特点和潜在安全风险，从场地布置、技术要求、参与人数等多个方面进行调整和优化。这样做的目的是在保持游戏趣味性的同时，使其更符合高校体育教学的实际需求。在具体教学中，我们可以根据学校的情况和教学目标，适当地降低竞技项目的难度。例如，缩小比赛场地、简化技术或战术要求，甚至调整运动员和器材的数量，以确保学生能充分享受到运动的乐趣。以足球教学为例，我们可以通过减少比赛场地和球门的大小、降低参赛人数，或者采用男女混合队伍的形式，让学生在小型比赛中体验到竞技的乐趣。竞技项目游戏化的核心在于转变教学理念，从传统的竞技训练转向更加注重学生体验和兴趣培养的教学模式。这一转变的关键在于明确教学目标和了解学生的需求。只要我们坚持科学合理的教学设计，结合体育运动的特点，积极探索游戏化教学方法，就能在提高学生参与度和兴趣的同时，有效达到教学目的，实现教学效果最大化。

（3）游戏化教学中应明确主次，全面掌控竞技项目

为了使体育教学既有趣味性又富有教育意义，教师在实施游戏化教学时，需精心设计教学内容，使之充满吸引力和乐趣。这需要教师全面审视整个教学流程，并对每个环节进行精细规划和监督。通过这种方式，不仅能顺利实现教学目标，还有助于学生更好地掌握体育技能，同时确保他们在运动中的安全。若忽略这些方面，体育课可能会沦为学生的自由活动时间，甚至成为纯粹的游戏时间。

在体育教学中，运用竞技体育游戏的形式，核心目标是提升教学质量，而不仅仅是追求游戏的娱乐性。尽管游戏可以作为有效的教学工具，但不应成为教学的主要依赖，以免偏离教学目标。比如，在篮球教学中，重点是强化学生的运球和投篮技巧，同时融入体育文化和体育精神教育，确保竞技游戏仅作为辅助手段，防止主次颠倒。在组织这类活动时，教师必须建立并执行一套严谨合理的比赛规则，担任好裁判角色，加强对游戏组织和学生纪律的管理和教育，防止违规

操作引发的学生负面情绪或不当行为，确保教学目标顺利实现。

在分组进行项目游戏时，应采取灵活多变的策略，充分考虑每位学生的个人能力和性格特点，力求平衡队伍实力，避免不健康的竞争环境。这意味着在分组时要根据学生实际表现和技术水平进行合理安排，营造一个公平、和谐的竞争氛围。

在教学过程中，贯彻正面激励原则至关重要。评价学生时，既要关注他们的技能展示，也要重视情感态度，包括团队协作、尊重他人和乐于助人的行为。即使学生在竞技活动中出现技术失误，教师也不应过分苛责，而应通过积极的语言和心理引导，激发学生的积极性和学习热情。

此外，教师还需重视教学各阶段的总结与反馈，通过有效沟通和适时调整，增强学生参与积极性和学习欲望，保持对课程内容的长久兴趣。教学中，教师的正确示范和耐心讲解至关重要，同时要密切关注学生情绪波动，根据学生反馈，灵活调整游戏难度和节奏，确保游戏规则与学生能力相匹配。每次活动结束后，都要进行总结和评价，对学生进行必要的心理疏导和思想教育，以促进他们全面发展。

（4）采用多样化方法不断优化教学环境

在当前教育环境下，我们将学生的主体性视为教学的核心。体育游戏化教学作为教学改革与创新的重要途径，需运用多样化手段，不断更新和调整教学场景。这就要求体育教学要善于变通，注重情境创设与激发学生主体性，从而维持学生对竞技游戏的浓厚兴趣和积极参与的热情。

在体育教学中，我们应当激发学生的主动探索精神，让他们通过自主探究获得主体体验。体育竞技项目的游戏化设计，旨在让学生成为学习过程的主角。在特定的游戏情境中，他们可以主动发现并解决问题，掌握竞技体育的基本技巧和方法，深入了解其内在规律。在这一过程中，教师的角色转变为引导者和支持者，他们需要给予学生充分的信任，将课堂主动权交还给学生，鼓励他们自由探索和深入分析，以自己的方式解决学习中遇到的问题，重点培养学生的运动技能和解决问题的能力。

为了有效实施体育游戏化教学，我们需要为学生创造一个连贯且多变的游戏化学习环境。这种环境不仅是体育游戏化教学的基础，也是其成功的关键。在一堂课内，教学情境可能会多次变换，每次变换都应精心设计，确保场景的真实性与吸引力。同时，我们还需要适时调整运动项目的教学方式，合理控制游戏的趣味性和挑战性，保持教学情境的连续性和多样性。这样做，有助于学生将理论知识与实际操作相结合，建立起系统化的知识框架，为未来的学习打下坚实的基础。

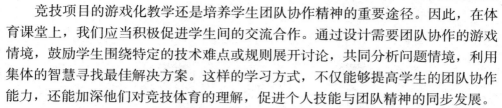

竞技项目的游戏化教学还是培养学生团队协作精神的重要途径。因此，在体育课堂上，我们应当积极促进学生间的交流合作。通过设计需要团队协作的游戏情境，鼓励学生围绕特定的技术难点或规则展开讨论，共同分析问题情境，利用集体的智慧寻找最佳解决方案。这样的学习方式，不仅能够提高学生的团队协作能力，还能加深他们对竞技体育的理解，促进个人技能与团队精神的同步发展。

为了保证竞技项目游戏文化活动的顺利进行，教师在策划和组织过程中，需确保游戏难度适中，不超过学生的承受范围。因此，教师应高度重视安全问题，并采取有效的预防措施。①做好充足的前期准备。在开展竞技项目游戏前，教师需做好详尽的准备工作，了解学生身体状况，确保参与者熟悉游戏规则和安全注意事项。②熟悉场地与设备。教师应对使用的场地和器材有充分了解，及时发现并解决安全隐患。一旦发现问题，应立即暂停活动，确保学生安全。③关注学生状态。教师需在教学过程中密切关注学生情绪和体能变化，适时调整活动强度。选择合适的时机结束游戏，避免学生因过度疲劳而受伤。尤其在学生体力不足时，更要谨慎行事，确保安全。

推进高校体育教学现代化要求高校体育教学不断创新。竞技项目游戏化教学模式以趣味性、竞争性和集体性为特点，为体育课堂注入新活力。这种教学模式丰富了教学内容和形式，有助于培养学生的竞争意识，使他们在轻松愉快的氛围中全面提升运动技能和社会适应能力等综合素质。通过此种方式，有效促进学生体育核心素养的形成，实现更理想的教学成果，为学生的长远发展奠定坚实基础。

三、体育教学与运动训练的互鉴性及其实施策略

学校体育与竞技运动虽然在功能上受到社会因素的影响而有所区别，但在根本目标上的一致性为它们的相互借鉴和互补提供了基础。这种一致性体现在它们都致力于推动人的全面发展，涵盖身体健康、心理素质及社会适应能力等多个方面。虽然两者在实施过程中存在差异，但这些差异却为双方提供了发现自身不足、实现优势互补的机会。

互补原理揭示了体育教学与运动训练中的对立统一关系，即两者之间的矛盾恰恰是推动彼此发展的动力。例如，学校体育注重普及性和基础性教育，而竞技运动则强调专业性和高水平训练。然而，这并不意味着两者完全孤立，相反，通过学习对方的优点，可以在各自领域取得更好的成果。

具体而言，学校体育可以借鉴竞技运动中的先进训练理念和技术方法，提升教学质量；竞技运动也可以从学校体育中获得广泛参与和兴趣培养的经验，拓宽人才选拔渠道。两者的自然功能虽有重叠，但在程度上有所不同，这决定了"教

学"与"训练"在各自体系中的定位。例如，学校体育侧重于激发学生的运动兴趣和培养基本技能，而竞技运动则更多依赖系统的训练计划，追求技术和成绩的突破。

总之，我们可以大胆推测：体育教学与运动训练之间存在较大的互鉴价值。这种相互借鉴与补充，主要通过识别和利用双方存在的差异（即矛盾因子）来实现，从而促进双方的共同进步和发展。

（一）体育教学与运动训练的相互借鉴性

运动训练涵盖的内容广泛，涉及多个方面。在我国当前的体育教学中，虽然引入了一些运动训练的元素，但这些元素并未完全替代传统的体育教学内容。体育教学依然遵循着明确教学目标、设定教学任务、采用教学方法和接收教学反馈的基本流程，这与运动训练过程有相似之处，但也存在明显差异。实际上，当前体育教学中所谓的竞技内容，大多只是借用了运动训练的一部分手段，表面上看起来像是竞技运动训练，但实际上并没有那么复杂。只要运用得当，体育教学可以从运动训练中汲取许多科学的方法和技术，从而提高教学质量和健身效果。

从定义上看，运动训练学主要服务于竞技运动。竞技运动狭义上指高水平的体育竞赛，广义上则包括任何形式的身体娱乐活动。竞技不仅带来审美上的享受，还能让人在参与过程中获得乐趣。高水平运动员在比赛中展现的精湛技艺，往往能激发普通人的崇敬之情，促使他们产生参与的愿望。因此，很多人会直接将竞技运动项目及其训练方法作为健身的手段。

体育教学和运动训练学分别属于学校体育和竞技体育两大领域，虽然它们在过程和结构上存在差异，但不应忽视的是，体育教学的核心目标是促进健康，而德育、美育等其他教育目标只是附带的。这一点与运动训练的目标非常相似，即通过运动改善和提升人体功能。运动训练通过长期的实践积累了丰富的锻炼方法、技巧和对人体运动规律的认识，为体育锻炼提供了科学依据。尽管我国现有的运动训练体系尚不完善，甚至存在一些问题，但这并不能否认运动训练在指导体育活动方面的价值。

从生理学的角度看，运动训练与体育教学的原理是相通的。无论是从实践还是理论上，都可以发现两者在很多方面是一致的。例如，运动训练中使用的一些方法，如讲解法、直观法、练习法和演示法等，都是教学中常用的手段，只是应用的具体内容有所不同。运动训练的原则，如自觉积极性原则、直观性原则和个别化原则等，同样适用于教学，其基本原理是相同的，只是在具体应用时有所侧重。

基于以上分析，可以得出结论：体育教学与运动训练在理论和实践上都有相互借鉴的空间。运动训练中的"教育性"使得其方法和原则可以被体育教学所吸收，而体育教学中的"竞技性"又使得其能够借鉴运动训练的专业技术。这种互鉴不仅能够丰富体育教学的内容和形式，还能提高教学的科学性和有效性。

体育教学与运动训练之间的相互学习和借鉴具有巨大潜力。具体而言，双方可以在以下几个方面展开交流与合作：

1. 体育教学可以借鉴运动训练的先进科技知识和技术手段，以助力教学目标的实现，促进学生全面发展。

2. 通过深入研究运动训练的专业技巧和方法，体育教师将更加深刻地认识体育运动的本质规律，从而优化教学策略和训练方法。

3. 运动训练领域可以吸收体育教学中的教学原则和方法论，提升运动员在道德修养、文化素养及专业知识方面的综合素质。

4. 运动训练还可以借鉴体育教学的经验，结合自身特点开发更高效、更具针对性的训练方案，助力运动员持续提升竞技能力。要实现以上相互借鉴的设想，关键在于在实际应用中探索和验证其可行性和实施路径。只有将理论转化为实践成果，体育教学与运动训练之间的互动关系才能具有说服力。这不仅需要我们深化对两者内在联系的理解，还要在实践中积极探索适合各自特点的合作模式，共同推动体育事业的发展。

（二）体育教学与运动训练的互鉴实践途径

体育教学与运动训练在表面上看似对立，实则不然。根据互补原理，这两种活动在体育领域内形成了共生关系。它们的区别在于核心要素的不同，体育教学侧重于教学活动，而运动训练则专注于训练过程。体育教学因其教学性质占据主导地位，相较之下，运动训练则更关注训练本身。这种差异不仅表现为它们在活动组成上的不同侧重点，也为彼此的相互学习提供了契机。体育教学可以借鉴运动训练中的有效训练方法和技术手段，以提升教学效果；反过来，运动训练也可以从体育教学中获得丰富的教学经验和知识传授技巧，以提高运动员的综合素养。这种"取长补短"的方式不仅促进了体育教学与运动训练之间的交流互动，还为它们的融合发展开启了新的途径。通过互补与协作，体育教学与运动训练各自得以优化升级，共同推动体育事业的繁荣发展。

体育教学一直将培养学生的优良品质作为重要目标，经过长期的实践和探索，体育教学已经建立了一套成熟且有效的教学体系，这使得体育教学在德育手段和方法上，成为运动训练品质教育的典范。同时，我国在运动员专业知识培养方面存在一定的薄弱环节。部分教练误认为"专业知识修养"只是技能提升，而忽视了对运动员专业理论知识的教育。实际上，对技术和战术原理的深入理解，不仅有助于运动员全面发挥个人能力，也是避免竞技项目出现偏差的关键。缺乏专业理论基础的运动员，难以准确评估自身优劣势，更别说改进不足了。虽然运动训练注重实践，但"学而不思则罔"，运动员也应注重理论与实践的结合。有人担心，教学内容融入运动训练会占用训练时间，影响训练质量。但实际上，适当的教学活动不仅不会妨碍训练效果，反而能通过深化运动员对运动项目的理解，提升技术水平。我国体育教学擅长引导学生深入理解知识，这些经验有助于运动员更好地掌握技术动作、战术策略，提高比赛智慧。因此，运动训练应积极借鉴体育教学的成功经验，提升运动员综合素质。

体育教学与运动训练之间存在相互借鉴和学习的空间。在体育教学中，如何平衡"体质"与"知识技能"的培养始终是一个难题。核心目标在于育人，而关键在于如何通过常规教学提升学生身体素质。这需要遵循人体生理发展规律，通过长期且有针对性的活动来实现。如果体育教师过于关注知识传授和素养培养，可能会忽视体质训练，这对实现体育教学整体目标不利。良好的身体素质是体育活动的基础，缺乏体质支持，教学计划将难以实施。运动训练在此方面具有独特优势，专注于挖掘和提升人体运动潜能，积累了丰富的实践经验和专业知识。这些资源对改善体育教学的体质训练具有重要意义。特别是其中的一般训练部分，旨在全面提升人体各项功能，既为体育教学提供理论指导，又给出具体操作建议。例如，一般训练中的多种训练方法和技巧可直接应用于体育课堂教学，帮助教师设计实施高效体质训练计划。这将加速学生体质提升，确保体育教学质量和效果，同时兼顾知识技能与体质培养。因此，将运动训练中关于体质提升的知识和方法引入体育教学，是推动两者相互学习和共同进步的重要途径。

四、田径运动兴趣在体育教学中的培养策略

田径运动，作为众多体育项目的核心，不仅是提升体质的有效手段，更承载着丰富的文化内涵。随着我国社会经济的飞速发展，田径运动的研究在学术界日益受到广泛关注，涵盖了从科学训练方法、心理影响分析，到理论与实践相结合的各个方面，不断推动着这项运动的现代化进程。在竞技体育领域，田径运动的表现更是引人注目，展示了人类对速度和力量极限的不断挑战。值得关注的是，田径运动在大众领域的推广也得到了研究者的重视。尽管相关研究取得了显著成果，但在实际推广过程中，特别是在大学生群体中，仍面临一些挑战。虽然理论研究强调了田径运动对身体健康和积极心态的促进作用，但在现实中，田径运动在大学生日常体育活动中的占比仍较低。这反映出理论与实践之间存在的差距，表明在青少年中普及田径运动、培养其终身体育意识的任务依然任重道远。因此，加强田径运动的宣传和教育，激发年轻人的兴趣和热情，对于促进其健康成长、构建和谐社会具有重要意义。

（一）探究大学生田径运动参与度低的原因

作为国家未来的建设者和接班人，大学生肩负着时代发展的重任。他们的身体健康状况不仅关系到个人的学习成长，更影响到他们未来的社会贡献。因此，提升大学生体质健康水平已成为当前紧迫的任务。大学生是国家优质人力资源的代表，他们的健康状态不仅关乎个人发展，更是国家繁荣和社会进步的重要因素。这使得大学生体质问题成为社会各界关注的焦点。

在探讨大学生体质健康时，我们不仅要从体育锻炼的方式方法出发，更要深入到文化和精神层面，认识田径运动的价值。身体活动与思想认识紧密相连，因此在推广田径文化时，必须强调其背后的人文价值和精神内涵。深入剖析"文化的身体"与"运动的身体"之间的辩证关系，有助于大学生纠正对田径文化的误解，全面认识田径运动。这不仅能提高大学生的身体素质，还能培养他们正确的价值观和人生观，实现思想与行动的和谐统一。

为了有效提升大学生体质健康水平，不仅要加强体育锻炼，还需注重文化熏陶和精神引领，营造一个既关注身体健康又重视心灵成长的教育环境。这样，才能期待达到最佳的教育效果。

1.思想成熟与行为胆怯的矛盾现象分析

田径运动，作为一种广为人知的体育项目，不仅拥有独特的文化特色，更蕴含着丰富的人文教育内涵。对这一运动项目的研究，离不开对其所承载的身体文化的探讨。大学生，作为一个知识储备丰富的群体，他们的思维方式正在走向独立与成熟，他们能从中获得独到的见解和判断，表现出高度的自主性和独立性。

在中小学阶段，学生接受了系统的体育健康教育，中考和高考中的体育测试更是极大地提升了学生对体育锻炼的重视程度，取得了显著的成果。然而，进入大学后，尽管有体质测试等硬性规定，大学生的日常体育意识并未得到较大提升，持久体育锻炼的习惯也未能形成。这主要是因为现行的大学体育政策在理念上存在偏差，导致许多大学生将体育视为生活和学习之外的事物，对体育、身体和健康的理解存在偏见，未能实现根本性的转变。

另一方面，舒适安逸的生活方式在许多大学生心中深深扎根，使他们对于需要付出较大努力的体育锻炼产生抵触情绪。例如，田径运动中的跑步和蛙跳等活动，虽然能全面锻炼身体各部位的肌肉，但也会带来肌肉酸痛等不适感。这种身体疲劳的体验，往往让初次尝试运动的学生感到畏惧。再加上部分学生自小缺乏体育锻炼的经历，导致他们的运动能力相对较弱，这进一步拉大了他们与田径运动的距离，使得田径运动逐渐疏离了他们的生活。因此，如何调整大学体育教学的方向，激发大学生参与体育活动的积极性，是一个迫切需要解决的问题。

2. 身体反应感知不清的现象分析

大学生的身体机能大多已经成熟，具备较强的恢复能力，这是他们的一大特点。在这个充满机遇与挑战的青春时期，他们有充足的时间去规划自己的未来，努力实现个人目标。尽管大学生活只是人生漫长旅程中的短暂一站，但它往往是许多人记忆中最美好、最难忘的时光。青年人的身体充满活力，具有强大的自我调节能力，让他们在面对高强度的学习和生活压力时，即使熬夜或长时间保持不良生活习惯，如成为"肥宅"，也不会立即感受到明显的身体不适。然而，这种身体上的"耐受性"往往让大学生低估了不健康生活方式带来的长远影响。他们容易以年轻为借口，忽视定期运动和保持良好生活习惯的重要性。实际上，这种对身体反应的模糊感知，可能导致健康问题在不知不觉中积累，为将来埋下隐患。因此，加强对大学生健康教育的力度，帮助他们建立正确的运动与健康观念，显得尤为重要。这不仅是对个人健康的负责，也是对未来职业生涯和个人发展的投资。

3. 探索多样化的健身方式

田径运动，这个古老的竞技项目，源于古希腊的古代竞赛，其初始形态是人们劳动生活的反映。然而，它的技能水平却远远超出了日常生活所需。凭借其悠久的历史积淀和深厚的文化底蕴，田径运动历经千年而不衰，始终散发着独特的魅力。作为最古老的竞技体育项目之一，田径不仅奠定了现代体育的基础，更充分体现了竞技体育中的人文精神。

在全球文化交流日益频繁的背景下，田径运动在实践中得到了广泛应用，其理论研究也取得了显著成就。当前，随着健康意识的不断提升，瑜伽、跆拳道等新兴运动项目迅速崛起，成为大众关注的焦点。这些新颖且科学的健身方式不仅吸引了大量追随者，也逐渐被视为一种"高端"的生活方式。相比之下，田径运动由于其简便易行、不受场地限制的特点，在不少大学生眼中显得较为普通，甚至被认为是不够时尚的选择。对于追求个性与潮流的年轻一代而言，选择那些能够彰显个人特色的运动项目，已经成为一种流行趋势。

然而，我们不能忽视田径运动的独特价值。它不仅能够有效提升身体素质，还能培养坚韧不拔的意志和勇于拼搏的精神，这些都是其他运动难以替代的。因此，重新认识并重视田径运动，对于促进大学生身心健康、丰富校园文化具有重要意义。

（二）提升大学生对田径运动的兴趣

在我国高校中，学生体质测试主要依赖田径项目，这既凸显了田径在身体素质评估体系中的重要地位，也体现了大学教育对田径运动的重视。然而，现实中的体育课程选修中，田径课程却鲜有人问津，导致许多学校的田径选修课难以维持。这一现象反映了大学生对田径运动兴趣缺失的问题，因此，激发大学生对田径运动的兴趣，以及深化田径课程改革变得迫在眉睫。要解决这个问题，首先要对田径运动进行深度的文化解读，超越将其仅视为体育项目的范畴，而提升至文化层面进行教育和传播。通过阐述田径运动的历史沿革、文化价值及其在促进身心健康方面的贡献，让学生从更宽广的视角理解田径运动的意义。其次，贴合现代大学生的兴趣点，创新教学内容和形式，增强互动性和趣味性，使田径课程更贴近学生生活，激发他们的参与热情。最后，我们要实现学生在认识和行动上的统一，让他们不仅理解田径运动的价值，更能主动参与到田径活动中，体验运动带来的快乐，从而在校园内营造出浓厚的体育氛围，推动大学生身心健康发展。

1. 田径文化建设及其教学实践探索

大量实例证明，仅依靠田径运动的硬实力，即使达到世界领先水平，若无文化与教育的软实力支撑，团队的稳定性和持续发展仍无法保障。在文化繁荣交流的今天，仅凭技能提升和成绩优化已无法满足人们的精神需求。因此，构建田径文化是其体现人文精神的核心，也是满足人们精神需求的关键。田径文化的构建可从四个方面展开：①物质文化层面。从古希腊奥林匹克村的直线跑道到现代高科技的精准测试设备，每一轮技术创新都推动了运动器材的精细化和测试工具的准确性，凸显了比赛的公平性和便捷性。②行为文化层面。田径运动员不仅在赛场上表现出坚定的意志和积极进取的态度，在日常生活中也遵循高标准的行为规范，优美的体态成为其行为文化的直观体现。③制度文化层面。田径运动拥有严格的规则体系，包括标准化跑道、精确计时系统，以及确保比赛公正性的各项规定。然而，在日常训练和趣味性教学活动中，这些制度文化应适度调整，满足不同教学需求。④精神文化层面。田径运动以其独特魅力，激发人们的情感共鸣。运动员的汗水和突破自我的喜悦，不仅促进身心健康，更是精神升华的象征，满足了人们对美好生活的向往。将田径文化融入教学课程，既有助于深化学生对专业知识的理解，又可通过文化力量丰富其精神世界，增强对田径运动的认同感。这种知识传授与文化熏陶相结合的教学模式，有助于提高学生对田径运动的兴趣。

2. 重视田径运动的教育与文化影响

田径运动并非体育领域的文化附庸，其深厚的内涵和卓越的人文价值使其在体育界占据重要地位。这也是当前大学田径课程调整价值导向的主要依据。然而，现今的田径专项课程和教学遇到困境，主要原因是传统教学模式过分侧重技术训练，忽视了学生基本运动能力和综合素质的培养。这种单调且高强度的训练方式，未能激发学生的学习兴趣，反而使许多大学生对田径课程产生抵触情绪。为改变这一现状，田径教学需要从过度关注技术训练转向全面素质教育，不仅要提升学生的运动技能，更要注重培养他们的综合能力和人文素养。通过丰富教学内容、创新教学方法，使田径课程更具生动性和趣味性，从而激发学生的学习热情，真正实现田径运动在教育中的多重价值。

田径教学主要在户外进行，重点在于技术动作的训练和专项技术的讲解。然而，对于不常运动的学生来说，技术技能的学习难度往往与他们付出的努力不成正比，成绩的提升并不显著，这让他们误以为天赋起到了决定性作用，从而产生厌学情绪。传统的体育教学过于侧重运动技能的提升，却忽视了学生综合素质的培养，这种单一的教学模式容易引发学生的抵触心理。相比之下，强调文化的教化作用和感染力，能更有效地激发学生的求知欲。通过教化而非简单的强制性要求，可以更好地引导学生领悟运动的深层意义。田径运动自古以来就承载着丰富的文化价值，从最初的原始竞赛到近现代的国际赛事，它不仅鼓舞人们不断挑战身体极限，也是对身体文化和精神追求的不断探索。田径运动悠久的历史和清晰的发展脉络，为其上升到文化高度奠定了坚实基础。文化是一种在漫长历史进程中逐渐积累的财富，随着时间的推移，其内涵不断丰富和深化。因此，在强化田径理论教学的同时，应充分挖掘田径运动的文化内涵，通过讲述其背后的故事和精神，激发学生内心的运动热情，提高他们的学习兴趣。这种方法不仅有助于学生更好地掌握运动技能，还能促进他们综合素质的全面发展。

作为国家未来发展的中坚力量，大学生的综合素质提升成为教育的主要目标之一。培养他们对田径运动的热爱，成为实现这一目标的有效手段。为此，优化田径教学变得至关重要。田径教学不仅要加强器材运用和技能培训，还要在教学形式和内容上富有趣味性。更重要的是，将田径运动的文化特质与教育相结合，注重人文精神的培育。田径教学应以田径运动的人文精神为核心，通过具体项目作为表现手法和载体，构建一种融合文化教育与运动能力培养的新型教学模式。这种模式需要融入田径运动的历史、文化价值和精神内涵，同时采用多样化的教学方法和内容，激发学生兴趣，促进全面发展。如此一来，既能形成多元化的内容体系，提升学生运动技能，又能丰富他们的精神世界，真正实现田径教育的全面价值。

第三节　采用科学合理的方法进行体育教学

如今，许多高校在体育教学中，过于偏重理论知识的传授和对运动技能的详解，却忽视了实践训练的重要性。这种教学方式容易导致学生对运动训练产生反感情绪。为此，体育教师应根据学生的需要和年龄特点，选择合适的运动项目和游戏进行教学，在实现教学目标的同时，激发学生的学习兴趣，逐步消除他们对运动训练的抵触情绪。同时，体育教师需深入理解学生的心理状态和真实想法，通过有效沟通建立良好的互动关系。运用多样化的教学方法，将传统教学模式与现代教育理念有机结合，使课堂充满活力，吸引学生积极参与。这样既能提升教学效果，又能促进学生全面发展，使体育教学更符合时代发展的要求。

一、全媒体环境下高校体育教学方式的创新探索

全媒体时代的到来，彻底改变了我们的生活方式和思维方式。快节奏、数字化的生活让很多人难以找到合适的时间进行体育锻炼，以致整体体质逐渐下滑。为了应对这一情况，我国高校正在大力推动体育教学改革，鼓励学生在校园生活中更加关注体育运动。这一改革推动了教学理念、目标、内容和方法的不断创新。然而，在实际教学过程中，我国高校体育教学仍受到传统模式的较大影响，理论与实践的结合不够紧密，学生的学习积极性和主动性难以被激发，与体育课程改革的目标存在一定差距。因此，如何在遵循改革政策的同时，满足全媒体时代的需求，探寻一种既合理又高效的体育教学模式，已成为当前各高校亟待解决的问题。这不仅需要教师更新教学理念，运用更多样化的教学方法，还要求充分利用现代信息技术，营造更加互动、有趣的教学环境，从而切实提升学生的体育参与度和健康水平。

（一）全媒体的特征分析

随着科技的不断突破，全媒体已成功克服时空局限，呈现出传播范围更广、速度更快的信息传播优势。

1. 信息储存量巨大

全媒体作为信息传播手段的集大成者，融合了各类媒体形式和前沿技术。从传统的报纸、广播、电视，到现代的互联网、卫星通信，乃至电信领域的 WAP、CDMA、GPRS、5G 及流媒体技术等，全媒体实现了全方位覆盖。这一特点使得全媒体能够汇集大量信息，最大限度地满足受众对多样化信息的需求，并确保信息传播的广泛性与深度参与。

2. 表现形式多样化

全媒体并非仅仅是各类媒体的简单组合，而是实现了传统媒体与网络媒体的全方位、多角度融合，涵盖通信互动、互补和互融。全媒体以丰富多样的表现形式，精准服务于不同的受众群体。例如，一条广告针对年纪较大的受众可通过电视和广播等传统媒体传播；而对于年轻一代，则可能通过网络、手机和分众传媒等多元化渠道接收。这些渠道不仅提供文字、图片形式的广告，还涵盖视频和音频，使信息传播更加直观生动。这种多渠道、多形式的传播方式，极大地提升了信息传播效果和用户体验。

3. 信息传播的广泛性和快速性

全媒体时代的多样性，使其覆盖面更为广泛，传播速度更为迅速。网络技术的崛起，打破了传统媒体的束缚，通过数字技术在互联网平台上实时整合和发布各类信息，实现信息的动态更新。在接收信息的同时，受众还可便捷地进行分享和转发，进而实现信息的二次传播。这一机制极大地拓宽了信息的传播范围，提升了传播速度，其优势不言而喻。

4. 双向互动性

在传统媒体环境下，信息的传播与接收存在明确的界限，信息传播大多为单向，互动性较弱。然而，随着网络媒体的崛起，这种状况发生了翻天覆地的变化。如今，每个受众都有可能化身为信息的传播者，通过微博、论坛、网站等平台，分享自己的见闻和观点。这标志着我们已步入"全民传播"的时代，人人均可对信息发表评论，从而实现信息的双向交流与互动。全媒体时代的这种双向互动特性，正是吸引广大受众的重要因素之一。

（二）全媒体发展对高校体育教学的影响

尽管当前高校体育教学正在不断进行改革创新，但其成效并不显著。大学生普遍热爱运动，但他们往往难以将体育课所学与日常锻炼相结合。随着信息技术的飞速发展，越来越多的大学生倾向于待在宿舍，而非前往操场进行体育活动，甚至对每周仅有的两节体育课也表现出越来越强的抵触情绪。如何充分利用全媒体的优势，降低其潜在负面影响，并使其在推动高校体育教学发展方面发挥积极作用，已成为一个迫切需要研究的重要课题。

1. 全媒体海量信息对大学生体育课认知的影响

如今，许多大学生对高校体育教学的内涵、形式及其重要性缺少足够的认识。他们普遍将体育课视为简单的跑步、篮球和足球等活动，认为这与小学体育课并无本质区别。在课堂上，教师通常仅仅是演示动作，学生则跟随练习。这种教学方式未能让学生深刻理解体育课在青春期大学生生活中的实际价值。高等教育的目标在于培养德、智、体、美、劳全面发展的高素质专业人才，体育教学在这一过程中起着举足轻重的作用。在竞争激烈的社会环境下，体育教学的责任愈发重大，它不仅是一种提升体质的途径，更是推动人类身心和谐发展的综合性手段。然而，这些深远的理念往往难以在课堂上为学生所领悟，即使教师有所提及，也常常缺乏足够的说服力。

全媒体在改变大学生对高校体育教学的认知方面发挥着重要作用。作为充满活力的年轻人，大学生思维活跃、观念多元，对网络有着较强的依赖，他们往往对非正式渠道的信息比对官方信息更感兴趣。因此，教师若能有意识地运用各类媒体，尤其是大学生所信任的网络和移动客户端，来加强体育信息的传播，就能更有效地影响他们。例如，通过微信推送健康养生的小知识，利用微博分享体育运动的小贴士，并提供网络赛事直播等。全媒体不仅拥有丰富的信息量，且表现形式多样，贴近大学生生活，能满足他们个性化的多方面需求。因此，借助全媒体的力量，可以有效改变大学生对高校体育教学的认知。一旦大学生认识到体育教学的重要性，他们自然会更为积极地学习和应用相关知识，从而提升自身的体育素养。

2. 全媒体提升高校体育教学的教学效果

李咸英、叶加宝等人的调查研究表明，天津市研究生对体育活动的兴趣倾向呈现出明显特点：仅不足 10% 的研究生偏好统一教学进度的体育学习，大部分学生更愿意接受根据个人水平分层次的教学方式。尽管研究生群体不能代表全部大学生，但这一调查结果无疑揭示了大学生对体育教学需求的发展趋势。当前，尽管大多数高校尚未能完全满足分层次体育教学的需求，但合理运用全媒体手段，仍可大幅提升体育教学的成效，激发大学生对体育的热爱。大学生对先进科技充满好奇，对其传播的信息更易接受。例如，近期微信跑步排名功能的流行，使许多用户热衷于在朋友圈分享每日跑步数据，健身已成为一种时尚的生活方式。而将健身与科技结合，更是年轻人的热衷选择。因此，将全媒体与传统体育教学相结合，不仅可吸引大学生兴趣，还能大幅提高教学效果。通过多媒体平台，如社交媒体、移动应用等，提供个性化、互动性强的体育内容，不仅能使学生在课内外保持对体育的热情，还能帮助他们更好地掌握体育知识和技能。

3. 全媒体加速高校体育教学改革进程

随着全民体育观念的深入人心，高校体育作为连接校园体育与社会的主要桥梁，其教学模式应更加注重激发学生的自主性和积极性，致力于培养学生的终身体育素养。为实现此目标，体育教学应以终身健身为理念，对教学内容和方法进行改革，同时优化体育专业设置和课程安排，强化学生终身体育能力的培养。在此过程中，全媒体扮演着举足轻重的角色。例如，将课堂教学与网络资源融合，运用全媒体手段改革教学内容和方法，调整专业和课程设置，有望大幅加快高校体育教学的改革步伐。全媒体不仅为学生提供丰富多样的教学资源，还能通过互动性强的平台激发学习兴趣，从而更好地支持终身体育能力的培养。

（三）全媒体时代高校体育教学方式创新

1. 基于全媒体的多元化教学

在传统的高校体育教学中，教师通常在操场上先进行理论讲解，接着是动作分解训练，最后是整套动作的熟练运用。这种以教师为中心、学生被动接受的教学模式容易导致课堂氛围枯燥，影响教学效果。随着全媒体技术的发展，体育课堂可以融入多媒体教学手段，如视频演示、动画分析等，使教学内容更加生动有趣，提高学生的参与度和课堂效率。

2. 基于网络平台的教学拓展

体育教学并不仅仅局限于课堂内的讲解与实践，课外活动的补充和学习也是实现体育教学目标的重要途径。然而，很多时候，学生的课后体育运动与体育课内容存在脱节现象。以篮球课为例，热爱篮球的学生会在课后自发地进行篮球运动、观看专业比赛，从而逐渐熟悉篮球规则。然而，对于那些对篮球并无兴趣的学生，尤其是女生，她们在课后的篮球接触几乎为零，即便经过一学期的学习，仍难以理解篮球比赛。为了解决这一问题，教师不仅在课堂上要进行引导，还可以利用网络平台在课外进行扩展教学。体育教师可以通过 QQ、微博、微信等社交工具，分享体育知识及规范动作视频，让学生在轻松愉快的氛围中学习，减轻课堂上的紧张感和被动性，激发学生兴趣。此外，教师还可以通过网络建立讨论群或论坛，与学生共同探讨体育知识及相关问题，促进师生间的互动交流，使学生在课外也能经常关注并学习体育知识。

在网络平台上，志同道合的人们共同探讨，不仅能激发更多创意与灵感，也有助于体育精神的广泛传播，让更多学生真正热爱体育运动。如今，几乎每个大学生都拥有一部手机，手机成了他们大部分业余时间的陪伴。针对这一现象，我们可以开发一系列专门的体育教学 App，涵盖篮球、瑜伽、跆拳道、女子防身术等热门课程。这些 App 以文字、视频、图片等形式，详尽地介绍相关知识，并配备练习题。练习题的成绩可以纳入期末考试成绩，或者作为积分，用于兑换老师亲自录制的教学视频。此外，App 内还可设置在线互动、班级排名等功能，让学生在享受体育学习的乐趣的同时，也像玩游戏一样，提高教学效果。

3. 基于媒体效应的隐性课程构建

在当前信息化社会，大学生主要通过各种媒体获取信息，并对此类信息具有较高的信任度。根据传播学的议程设置理论，媒体集中报道的事件会被公众视为最重要的，即使同期有其他类似事件发生也不例外。借此媒体效应，高校可以构建体育隐性课程。体育隐性课程是指在学校范围内，除正式体育课程外，所有符合体育教学目标设计的校园体育文化要素，如体育艺术雕塑、体育名言牌等物理环境，体育教师的人格魅力、师生的体育形象、体育文化活动和体育交往行为，以及课外体育活动管理和运动竞赛管理等。

每所高校都有其独特的办学方向和定位，体育隐性课程实际上就是学校的体育文化。通过校园广播、教务处微博微信、学报校报等渠道传播体育相关信息，体育文化能在学生心中逐渐扎根。对体育运动会、优秀体育社团和真实竞技精神的宣传报道，有助于学生更好地理解学校体育文化。与显性课程不同，隐性课程非说教性质，很多情况下由学生自主参与建设和传播，如校园广播、学校微信平台、班级报纸等，因此更易被学生接受和认同。通过这些方式，高校既能有效传播体育文化，又能激发学生对体育的兴趣和参与热情。

二、构建和谐师生关系提升课堂效率

学生的情感需求从第一节体育课开始，便渴望得到教师的尊重、关爱和指导。这些需求得到满足后，他们会以更加饱满的热情投入到体育课中。这种情感的建立，依赖于师生间的良好关系。教师与学生之间的情感交流主要体现在两个方面：情感的共鸣和信息的有效传播。通过情感的共鸣和信息的顺畅沟通，可以增强师生间的信任和理解，从而为学生积极参与运动奠定坚实的基础。

（一）互动教学模式的核心内容

1. 互动教学模式的内涵

互动教学模式是一种与传统教学模式截然不同的方法。它摒弃了教师单一传授知识的模式，减弱了教师的绝对权威地位，推动学生成为教学活动的主体，有助于培养学生的自主意识和创新能力。这种教学模式的核心在于以教师为主导、学生为主体的教学理念。在此模式下，教师担任教学活动的引领者，掌控教学过程，而学生则成为学习的核心。在教师的引导和启发下，学生能够充分发挥主动性，积极参与学习过程，形成良好的自主学习习惯。

2. 互动教学模式的特征

互动教学模式呈现出以下几个显著特征：

首先，以创新为核心。互动教学的主要目的在于培养学生的创新精神和竞争力，因此，在内容、组织和教学方法上都需要创新，以唤醒学生的创新潜能。教学内容应以培养创新能力为主线进行设计。

其次，多向沟通。互动教学模式强调教学过程中的交流，沟通方式可以是多向、单向或双向。多向沟通，即师生之间及学生之间的交叉互动。相较于传统教学模式中教师单向传授知识，学生被动接受的方式，互动教学更推崇双向沟通，教师传授知识，学生接受并反馈，实现师生间的互动交流。

再次，综合交流。在互动教学中，师生间的交流超越了教学知识，涵盖了生活经验、学习感悟以及情感因素等多方面的综合交流。在这种模式下，教师更像是学生的朋友，这种亦师亦友的关系使得师生间的交流更加自然、亲切。

最后，动态发展。由于教学资源、师生水平及教学环境的不均衡，以及教材内容的不断更新，互动教学模式具有动态发展的特性。在不同教学条件下，为了使教学效果与时俱进，互动教学能根据实际情况灵活调整教学内容和方法。

（二）高校体育教学中师生互动模式的构建

构建高校体育教学中的师生互动模式，应以充分激发师生积极性、主动性和创造性为基础，通过创新教学内容和形式，实现学生在实际教学中的互动交流与相互影响，从而确保教学质量。以下几个方面是实现这一目标的关键。

1. 教师实施情感教育与学生信任的建立

在高校体育教学中，教师通过情感教育和寓情于教，能够赢得学生的信任与支持，促进师生间的有效互动。具体来讲，可从以下两个方面展开：

首先，高校体育教学需重视师生间的情感沟通。教学活动是教师与学生双向互动的过程，其中情感交流占据着重要地位。在体育课堂上，通过情感沟通，教学过程将变得更加生动有趣，从而避免传统教学的僵化和枯燥。教师应以真诚的态度进行教学，尊重学生的主体地位和情感需求，逐步建立起师生间的情感纽带，营造和谐的教学氛围。这样一来，学生在有限的课堂时间内不仅能更好地吸收知识，还能深刻体会到知识的实用性和内涵的准确性，从而更容易接受和理解。

其次，高校体育教学应将教育与娱乐相结合，实现科学性与艺术性的统一。体育教师应从学生关心的问题出发，逐步引导学生，以道理说服人，以情感打动人。在课堂中融入快乐元素，提高学生参与积极性，促进师生关系的和谐融洽。心理学研究发现，情感与认知相互影响，与兴趣、信念和内驱力紧密相连。因此，教师应创新教学方法，关注学生的兴趣点，加强师生间的情感沟通，激发学生的情感体验，强化情感感知。例如，教师可以主动与学生亲近，进行心理辅导和情感交流，尤其对成绩较差的学生，要多给予表扬和关心，并耐心对待他们，激发他们的情感共鸣，防止被"边缘化"。

通过以上方法，教师不仅能够提高教学效果，还能在情感层面与学生建立深厚的感情，使学生更加信任和亲近教师。

2. 教师实施分层教学，助力学生全面提升

高校体育教学的师生互动模式应当注重以下三个方面：尊重学生个体差异、实施分层教学以及激发学生兴趣。首先，教师需要尊重并正视学生的个体差异。每个学生都有自己独特的发展时间和空间，需要在实际情境中不断自我提升。体育学科的个性化特点尤为突出，教师需要考虑学生的体质和身体素质。若强行实行统一的教学目标和方法，不仅会削弱学生对运动的兴趣，而且很难切实提高他们的身体素质。因此，教师应承认并尊重学生的主体地位和多样性，细致分析学生的个体差异、优势和特长，创设丰富的运动情境，提供多元化的教学手段，让学生在各种教学环境中得到个性化发展。例如，教师可以采用分层教学模式，提供多种运动项目供学生选择，让学生依据自身情况选择适合的项目和教学方法。

这样，每个学生都能在教学过程中成长为合格的体育人才，实现个性化发展，促进全体学生的共同进步。

其次，教学过程中应采用多元化的评价方式，确保学生得到公正且科学的反馈。否则，学生可能会感到不公平，进而影响师生之间的良性互动。心理学研究发现，成功经验是激发个体内在动机的关键因素。当一个人频繁取得成功，他们会感到满足，心情更愉快，进而巩固和提升兴趣。

因此，在高校体育教学中，实施分层教学模式时，教师需要根据学生的实际情况和教学内容，设定有层次的教学目标和多元化的评价方式。这样，学生在取得成功后，会感到自我满足，从而形成积极的学习态度和兴趣，不断强化体育锻炼的习惯。这种方法不仅能够提升学生的自信心和学习动力，还能促进师生间的良性互动，提高整体教学效果。

3. 教师在线引导，促进学生探究学习

高校体育教学中的师生互动模式应当从教师资源整合、在线引导，以及学生的探究学习、信息反馈等多方面进行构建。首先，教师应创建师生网络互动平台，以便及时解答学生疑问，有效引导学生开展探究学习。在此过程中，可以利用校园网信息系统，打造学校教育教学资源库，让学生在个人专栏中自主学习，充分挖掘和利用传统教学中的优势资源。同时，在网上设立资源预订、在线帮助、网络论坛等平台，让学生能够随时提出疑问、表达观点，由被动接受者转变为探究性学习的主体。

其次，教师应充分发挥引导作用，及时与学生互动，构建和谐的师生关系，以促进学生的探究式学习。尽管现代网络技术改变了学生被动接受知识的局面，但教师的角色依然至关重要。在这一过程中，教师应成为学生的"同伴"和"朋友"，与他们共同探讨、共同进步。在网络教学活动中，教师被视为与学生平等的学习者，这有助于消除学生的心理障碍，更容易建立良好的师生关系。

通过电子邮件、在线交流、留言反馈等方式，学生可以方便地与教师进行有效沟通，分享自己的问题和想法。这种互动方式不仅有助于促进高校体育教学中师生互动模式的构建，还能及时了解学生的学习进度和遇到的困难，为学生提供个性化的指导和帮助。在此基础上，平等、互动的教学模式将激发学生的学习兴趣和探究精神，提升他们的自主学习能力和综合素质，实现教学效果的最大化。

4. 教师创新教学方法，激发学生兴趣

在高校体育教学中，教师不断探索和创新教学方法，能够有效激发学生的学习兴趣，为构建师生互动的课堂奠定坚实基础。例如，引入游戏化教学和多媒体教学等方式，不仅增加了课堂的趣味性，也增强了师生间的互动。这些富有创意的教学方法应被广泛应用于教学实践中。通过这些新颖的教学手段，教师不仅能

吸引学生的关注，更能激发他们的学习热情，让学生在轻松愉快的氛围中掌握体育知识和技能。

首先，高校体育教师应当尝试将游戏化教学融入体育课程，精心构建教学过程，以激发学生的学习热情。传统的教学模式通常包括讲解、示范和自由练习，这种方式既难以激发学生的学习兴趣，也限制了教师与学生之间的互动。为了改变这种状况，并实现教学目标，教师可以在新课程标准的指导下，引入游戏元素，利用游戏的趣味性和生动性，促进师生间的双向互动。在实施游戏化教学时，教师需细致规划教学全程，充分考虑游戏与课堂教学目标、教学方法及教学条件之间的配合，以确保教学目标的实现。以"立定跳远"教学为例，教师可以设计一个"石子接力"游戏。将学生分为若干实力均衡的小组，通过立定跳远将石子传递至指定距离外的下一位同学。在确保动作规范的前提下，最先完成任务的小组获胜。若动作不规范，可对该小组计时增加。通过这样的游戏，学生在享受比赛乐趣的同时，也会关注动作的规范性，从而在轻松愉快的氛围中掌握技能，提高学习成效。

其次，高校体育教师应善于运用多媒体的多元化形式，推动现代化课堂教学的实现，为师生间的互动交流搭建优质平台。多媒体技术以其直观、形象和内容丰富的优势，在高校体育课堂上起到了活跃气氛、提升师生互动效果的作用。例如，在篮球教学过程中，教师可以首先播放一段精彩的篮球比赛视频，引导学生观察并分析比赛中的动作要领，使他们能在轻松有趣的比赛中更好地理解和掌握动作技巧。这种方式不仅使学生更直观地理解技术要点，同时也激发了他们的学习兴趣和参与度。

三、在体育教学中突出学生的主体性

教学的核心在于培养人的主体性，目标是培养出能充分发挥自身潜能的人才。在教学过程中，尊重并强调学生的主体性显得尤为重要。这种真实的主体性表达，是对教学本质的忠实回归，能激发学生在体育课堂上的创造力和积极性。然而，若主体性表达不真实，便会削弱体育教学的实效。本书从学生的视角出发，深入剖析体育教学过程中可能出现的虚假主体性现象，旨在揭示其存在的问题，并提出针对性的策略，以期改善这一状况，从而提升体育教学的效能和质量。

（一）在体育课堂教学中体现教师的关怀行为

教师的关怀行为主要表现在三个方面：一是尽职尽责地完成教学任务，体现其尽责性；二是投入时间支持学生的学习，展现其支持性；三是在情感上接纳和理解学生，表现其包容性。其中，教师对学生的学习支持和情感理解是保障学生

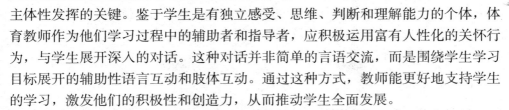

主体性发挥的关键。鉴于学生是有独立感受、思维、判断和理解能力的个体，体育教师作为他们学习过程中的辅助者和指导者，应积极运用富有人性化的关怀行为，与学生展开深入的对话。这种对话并非简单的言语交流，而是围绕学生学习目标展开的辅助性语言互动和肢体互动。通过这种方式，教师能更好地支持学生的学习，激发他们的积极性和创造力，从而推动学生全面发展。

在制定教学目标的过程中，教师可以通过与体育委员的课前交流，听取学生对学习内容和任务安排的建议。在小组学习中，当学生对某个动作技术产生疑问时，教师应悉心倾听他们的困惑和问题。在比赛练习中，如果学生在自我评价后出现挫败感和负面情绪，教师应及时沟通，引导并化解这些负面心理，这些都是体育教师关怀行为的具体表现。

学生作为课堂的主体，应享有适当的自主性和自由度，但这种自主与自由应控制在合理的范围内，不能无限制。体育教师应通过多种关怀行为与学生进行有效互动，避免学生在课堂上表现出虚假的主体性。通过这些关怀行为，教师既能更好地支持学生的学习，又能帮助他们树立正确的学习态度和积极的心理状态，从而提升教学效果。

（二）更新体育教师的主体性教学观念

为了防止体育教学中出现学生主体性虚假现象，体育教师作为课堂教学的引领者和管理者，必须牢固树立学生主体性的教学理念和意识。在体育教学过程中，教师与学生都是主体性的存在，他们在课堂教学中互动交流。这种互动关系的要求是，我们需要摒弃传统的"教师为主导，学生被动接受"的观念，而将学生视为富有生命力的个体，以此开展教学。

体育教师需要将学生主体性的教学理念转化为自身的教学能力和意识，真正实践"尊重学生学习的主体性，强调学生的主体地位"。具体而言，教师应将学生的主体性贯穿于课堂教学的方方面面。在制定教学目标和组织教学内容时，教师应充分考虑学生的兴趣和需求。通过这种方式，教师不仅能激发学生的学习积极性，还能促使学生在课堂上主动参与，从而提升教学效果。

例如，可以通过比赛或游戏的形式进行教学，利用竞赛和游戏情境推动学生运动能力的提升。在教学方法上，根据教学的内容采取情境教学、合作学习、探索式教学、领会式教学等多种教学模式。在教学评价方面，应引导学生积极参与自我评价。为此，体育教师需要在评价前做好充分的准备工作，如准备简易的评价表格、学生自评或互评记录表、小组评价记录等，将学生主体性的教学理念贯穿于教学全程。

具体来讲，教师可以设计一些富有趣味的比赛或游戏，让学生在实践中提高运动技巧。在教学过程中，运用情境教学使学生在模拟的真实环境中学习，合作学习鼓励学生间的互动与合作，探索式教学和领会式教学则强调学生的自主探索和理解。在评价环节，教师需提前备好各类评价工具，确保学生能够真实、全面地反映自己的学习情况。

（三）师生共同构建课堂学习共同体

体育课堂教学是教师与学生共同参与的动态过程。为避免学生主体性的虚假现象，我们需要摒弃传统的师生教学模式，即教师主导、学生被动接受的学习方式，转向构建师生共同参与的课堂学习共同体。在这个共同体中，师生关系体现为平等、和谐、对话与合作，具体表现为以下几点。

1. 共同确定学习主题。师生通过对话协商选择学习主题，既能满足学生主体需求和实践需求，设定教学目标和内容，又能提高教师对学生学习的评价和掌控效果。此举有助于打破教师单一的课程设计模式，让学生的主体性融入课程学习，从而更好地满足学生的实际需求。

2. 共享课堂体验。体育教师应以同伴和朋友的身份与学生共同学习运动技能，平等对话、交流和互动，了解学生在学习过程中的感受，并倾听他们的意见和建议，无论是教学策略调整还是学习方式安排，都应贴近学生的实际需求。

3. 共同评价学习成果。教师需课前预设评价方式和内容，课中和课尾与学生一起对同伴、小组及个人表现进行相互评价。此举可确保学生得到真实、全面的反馈，激发他们在课堂上的积极参与和自我反思。通过以上措施，师生共同构建的课堂学习共同体有助于激发学生学习兴趣和积极性，促进师生有效互动，提高教学成果。

（四）体育教师树立"预设与生成"相统一的教学观

在体育教学中，预设与生成的处理是至关重要的。过度强调预设，会将学生的学习过程简化成执行计划，限制了学生的主体性；而过分强调生成，虽然尊重了学生的主体性，但可能导致学习目标模糊，产生虚假的主体性。

为了真正实现学生的主体性，体育教师需要在课堂教学中巧妙地平衡预设与生成的关系。预设是指教师在教学过程中遵循事先制订的教案，确保学生的学习有序、有目的地进行。然而，在学习方法、教学方法和评价手段上，教师应根据学生的实际情况灵活调整，借助生成的观点激发学生的学习热情。在具体实践中，教师可以在预设的教学内容中融入生成性的元素，尊重学生的主体地位，防止主体性被掩盖。例如，在篮球行进间运球的教学中，可以采用比赛或游戏的形式，激发学生积极参与。同时，在生成过程中，教师应运用预设的思维，避免目标虚化和主体性虚假。在学生小组讨论时，教师应及时解答学生的疑问，进行点拨和指导，而非放任学生无限度地自主学习。

总之，要消除虚假的主体性，体育教师需在课堂教学中辩证地处理预设与生成的关系，确保教学既有明确的目标和计划，又能满足学生的实际需求，从而有效激发学生的学习积极性和创造力。

四、以及时、多样化的评价提升课堂效率

随着我国高校体育教学改革的深入推进，体育教学评价的研究日益受到广泛关注。评价体育教学质量的关键在于，如何将学生的体育学习态度、运动技能水平、体能状况和情感体验等多方面因素有机结合。这是推进多元化学习评价的核心问题，也是当前体育教学改革的重要任务之一。具体而言，体育教学评价不仅要对学生的运动技能和体能水平进行评估，更要关注他们的学习态度和情感体验。通过多元化的评价方式，可以更全面地了解学生在体育学习中的表现，进而提供更有针对性的指导和支持。这既有助于激发学生的积极性与参与度，也能促使教师改进教学方法，提升整体教学质量。因此，构建一套科学、合理的多元化评价体系，是当前高校体育教学改革亟待解决的重要问题之一。

（一）体育教学多元评价的内涵与特征

1. 体育教学多元评价的内涵

在我国高校体育教学中，大学生的体育学习能力表现形式多样，涵盖体育技能掌握、对课程理解等多个层面。单一地依赖体育测试来评估学生的学习能力并不科学，因为它无法全面反映学生在体育学习上的实际表现。因此，我们需要构建一个全方位、全过程的"多元评价"体系。

实施多元学习评价机制，可以更好地贯彻体育健康课程标准，实现以学生为核心的教学评价。这不仅提升了评价的公正性和客观性，还在评价主体设定、评价方法综合运用等方面起到了重要作用。通过多元评价，教师能全面掌握学生在体育学习中的表现，进而提供更具针对性的指导和支持，推动学生全面发展。这种评价方式既关注学生的技能水平，又重视学习态度、情感体验和体能状况，从而更准确地反映学生的整体学习状态。

2. 体育教学多元评价特征

（1）评价方法的多元化

在我国高校体育教学中，评价方式主要分为他人评价和自我评价两种。

1. 他人评价。他人评价是由学生以外的个体进行的评价，如教师、同学或其他专业人士的评价。这种评价方式的客观性较强，可以提高评价的可信度。他们从外部视角对学生体育学习的效果进行评估。

2. 自我评价。自我评价则是由学生本人根据相关评价标准，对自身在体育学习中的表现进行评估。这种评价方式有助于激发学生的主动性和积极性，提高他

们的自主锻炼意识。

另外，根据评价内容的差异，体育教学评价还可分为定性评价和定量评价。

1. 定性评价。定性评价主要针对学生的体育价值观念和学习态度等进行模糊评估。它侧重于描述性的评价，能够更全面地反映学生的主观感受和态度。例如，可以通过问卷调查、课堂观察等方法，了解学生的学习兴趣和课堂表现。

2. 定量评价。定量评价则采用统计学方法，收集关于学生体育技能水平的数据，并对这些数据进行分析和计算。从而科学地判断学生体育学习的实际状况。这种方法注重数据的准确性和可量化性，适用于技能测试和成绩记录等具体指标的评估。

定性评价和定量评价各具优劣，适用范围也有所差别。定性评价更适合学生学习兴趣的调查和课堂行为记录，而定量评价则侧重于技能水平的准确评估。结合运用这两种评价方式，可以更全面、客观地评估学生的体育学习状况，提升教学效果。

（2）评价主体的多元化

对高校体育教学评价来说，评价主体指的是参与体育评价活动，并参照体育课程评价标准，对学生或教师的活动作出评价的团体或个人，体育教学评价主体的多元化主要体现在参与评价活动的人员的多样性，除了体育教师以外，学生家长、学校体育管理人员及大学生本人等都是参与评价的主体。这种多元化的评价主体模式，更有助于发挥体育教学评价的公正性和客观性。

（二）多元评价对高校体育教学的影响

体育学科独具特色，强调实践能力培养，涵盖技术、态度、情感等多方面，且因个体身体条件差异，教学评价具有一定复杂性。因此，体育教学评价不宜采用标准化测试或笔试，这类方式无法准确反映体育教学核心目标，也无法有效提升学生体育技能。体育教师在评价时，应充分考虑学科特点，采用多元化评价手段，以激发学生学习潜能，提高教学质量。

多元化评价机制对高校体育教学产生积极影响：一方面，引导学生积极参与体育活动，培养良好运动习惯；另一方面，促使教师反思教学策略，优化课程设计，更好满足学生需求，实现教学相长。这种方式不仅促进学生体育技能全面发展，还能增强团队合作意识和个人责任感，为学生提供丰富全面的学习体验。

1. 多元评价对学生学习行为的影响

研究表明，大部分体育教师对多元评价持有积极观点，他们认为这种评价方式不仅能激发学生对体育的兴趣和自学动力，还能大幅提高学生的学习成效。在高校体育教学中，采用多元评价模式的学生在学习成绩和态度方面，普遍表现出优于传统书面测试的全面素质。多元评价模式注重过程评价的重要性，以质量评价为主，将数量评价作为辅助手段。

综合来看，多元评价模式的应用不仅能提升学生的学习成绩，还有助于他们形成正确的学习态度。对于身体素质相对较弱的学生，建立多元评价体系能更有效地激发他们的学习积极性，使他们主动参与体育活动。此外，结合现代多媒体和互联网技术构建的在线评价平台，不仅有助于学生更好地掌握体育技能，还为他们提供了课后自学的机会，有利于深化对课程内容的理解和记忆。这种模式不仅提升了教学效果，还为学生创造了更为个性化和灵活的学习环境。

2. 多元评价对教师教学方式的影响

从教学角度来说，多元评价对体育教师的专业发展具有积极推动作用。实施多元评价，不仅提升了体育教师的专业素养和教育理念，也使他们从传统的"传授型"教师转变为"评价信息运用者"，最终成长为"具备反思能力的实践者"。这一转变过程促进了教师自我反思能力的提升，使教学实践更依赖于内在动力而非外在压力。

体育教师的专业技能本就包含多元评价能力，这意味着他们需要掌握多种评价工具和方法，以更有效地评估和优化教学。过去，体育教学评价侧重于学生技能表现，主要依据标准化测验成绩进行评判，而在认知领域的评价，多采用书面测试。然而，这种评价方式无法全面反映学生的真实学习情况。相较而言，多元评价具有更多优势，已成为当前高校体育教学的主流评价方式。

多元评价一方面有助于教师反思教学实践，重新审视教学内容的合理性，减少对技能测验或书面考试成绩的过度依赖；另一方面，它涵盖了教学过程的各个方面，使教师能根据实时评价反馈调整教学策略，提高教学的针对性和有效性，从而大幅提升教学质量。通过这种方式，教师专业发展得到加强，学生也能获得更为丰富和个性化的学习体验。

（三）多元学习评价在高校体育教学中的应用

1. 构建多元化的体育教学评价观

为了在高校体育教学中实现多元评价，构建一个科学合理的评价体系至关重要。这需要我们首先改变传统的评价观念。素质教育并非意味着摒弃考试，体育教学也不只是娱乐活动。相反，我们需要从根源上树立新的体育教学评价理念，将单一的评价方式转变为多角度、全方位的综合评价模式。在此过程中，应降低考试的筛选功能，充分发挥素质教育在提供反馈和激励方面的积极作用，彻底改变传统体育教学中教学、考试和练习内容过于僵化的现象。评价时，不仅要关注学生的学习成果，还要深入了解他们在各个学习阶段的表现，确保教师的教学评价与学生的学习评价紧密结合。评价内容不仅应涵盖学生身体素质和体育技能的提升，还应包括学习态度、团队合作精神、自信心等多个方面。通过这样的评价

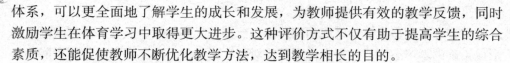

体系，可以更全面地了解学生的成长和发展，为教师提供有效的教学反馈，同时激励学生在体育学习中取得更大进步。这种评价方式不仅有助于提高学生的综合素质，还能促使教师不断优化教学方法，达到教学相长的目的。

2. 自评与互评相结合

在高校体育教学中，学生作为教学目标实现的核心主体，能力提升的关键在于培养自我管理和自我控制能力。对于难以量化评估的内在心理特质，如学习兴趣、态度、情感和意志力等，最真实的评价源自学生的自我认知。这些特质虽难以直接观测，但对学生的学习和成长至关重要。擅长自我评价的学生会根据教学阶段性目标，定期检查自身学习进度，确保努力方向与教学目标一致。为达成自我评价目的，学生应根据教师设定的整体教学目标，制订各阶段具体学习目标，将其作为自我评价的标准。此举既有助于学生明确学习方向，也能激发他们的主动性和责任感。除学生自我评价外，教师和家长等外部观察者也应参与体育学习评价。教师能从专业角度提供指导和建议，家长则从生活成长角度提供支持与鼓励。将自我评价与外部评价相结合，可确保评价全面客观，更真实地反映学生学习状况，有效促进全面发展。这种综合评价方式既能提升评价质量，又能为学生提供丰富且个性化的学习体验。

3. 选择多维度的评价内容

美国著名教育家霍华德·加德纳的多元智能理论强调，个体智能并非单一，而是由诸如身体运动、人际交往、语言、音乐、自我认知等多个方面组成。每个人在这些智能上的表现各有差异，有的在某一领域出类拔萃，而在其他领域或显不足。

因此，在评价高校体育教学成果时，我们不能仅以单一指标衡量学生表现，而应从多元角度全面审视学生的整体表现，进行深入且客观的评价。这样做的目的是准确反映学生的实际能力，以充分发挥评价在教学中的推动作用。通过多角度的评价，不仅能全方位了解学生的优点和短板，还能激发他们在不同智能领域的潜力，促进全面发展。

（四）高校乒乓球多球训练的应用探索

1. 多球训练在乒乓球初级教学中的应用

在高校乒乓球初级教学过程中，大部分学生都是初次接触这项运动。虽然乒乓球具有很高的趣味性，但掌握它却是一项具有挑战性的任务，这常常导致学生在学习和训练中出现协调性不佳和心理紧张等问题。因此，教师应运用多球训练这一方法，根据初学者的心理特征，采取连续、强度适中且持续时间较长的训练模式。

考虑到初学者动作表象和感知能力尚处于发展阶段，教师在实施多球训练时，应适度降低难度，合理控制训练节奏，采用定位、定性和定线的供球方式。青少年具有较强的模仿能力，教师可在训练中结合理论讲解与动作示范，帮助学生更快地掌握正确方法，明确学习目标。在多球训练中，学生动作掌握程度各异，这是正常现象。教师应根据学生个体差异，采取丰富多样的教学手段，激发学生兴趣，全面提升学习积极性。

同时，针对学生在运动中出现的错误，教师应及时指出并予以纠正，教授正确的运动技巧，帮助学生奠定扎实基础。通过这种方法，不仅能够提升学生的乒乓球技能，增强自信心，还能培养团队合作精神，为后续进阶学习奠定良好基础。

2. 多球训练在乒乓球提升阶段的应用

当学生已经具有了一定的乒乓球基础，教师的指导重点应转向提升学生的运动技能和战术水平。此时，学生的精神状态活跃，专注力高度集中，经过长期的训练，他们的动作控制能力也在不断提升。在这个阶段，学生需要构建稳定的动作模式，能熟练地完成各种技术动作。因此，多球训练的方式需要在形式、难度和强度上有所提升，以最大限度地挖掘学生的潜力，激发他们对乒乓球的热情。

教师应根据学生的实际情况，结合他们的学习特点，在保证动作质量的基础上，增加总体训练量，提升练习难度，因材施教，针对每位学生的技术能力和身体状况，逐步调整多球训练的内容。确保每一次训练都能满足学生的实际需求，同时适度增加单位时间内击球的频率，以提高训练的紧凑度和效率。

例如，横拍直拉是乒乓球训练中常见的一项技术，需要学生具备一定的基本功和技术基础。在这个阶段，教练应对每位学生的基础技术进行评估，根据他们的掌握情况，制订个性化的训练计划。这样可以帮助学生掌控自己的学习节奏，更好地理解技术要点，最终能够熟练地将这些技术应用到比赛中。通过这样的个性化训练，不仅能够有效提升学生的技能水平，还能增强他们的比赛适应能力和心理素质，为更高水平的比赛做好准备。

3. 多球训练在乒乓球巩固阶段的应用

在乒乓球教学的巩固阶段，学生已逐渐熟练掌握基本动作与技术，此时，教师应着力提升学生的技术难度，特别是在多球训练方面，采用持续性与变化性相结合的训练方式。具体来讲，学生在技术动作的细化处理上仍有待提升。通过持续性的多球训练，学生能更好地熟悉和掌握乒乓球的运动规律与节奏。这种连续不断的训练有助于学生更加准确地掌握技术动作，从而巩固动作至定型。当学生较好地掌握动作技术后，教师可引入变化性的多球训练，调整训练强度和负荷，确保训练形式与内容的多样性。这不仅有助于保持学生的新鲜感和兴趣，还能提高他们的适应能力和应变能力。教师可设定一定任务和时间限制，要求学生在规

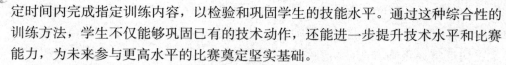

定时间内完成指定训练内容，以检验和巩固学生的技能水平。通过这种综合性的训练方法，学生不仅能够巩固已有的技术动作，还能进一步提升技术水平和比赛能力，为未来参与更高水平的比赛奠定坚实基础。

4. 多球训练在乒乓球战术组合中的应用

在乒乓球的高级训练阶段，战术组合训练的重要性不言而喻。多球训练是实现这一目标的理想方式，尤其在组合技术训练中，单球训练难以满足要求，容易受对手回球质量的影响，无法达到预期效果。举例来说，正手侧身拉直线再转全台正手持续发力的拉球训练，若采用单球训练，一旦陪练学生失误，回球质量将受到影响，进而降低训练的难度和连贯性。而多球训练能有效避免这些问题，确保训练的强度和质量，同时提升运动技能。

我国国家乒乓球队也广泛采用多球训练，以帮助队员形成独特的战术风格。因此，多球训练在高校乒乓球战术组合训练中占据重要地位，能带来显著的实际效果。实施多球训练时，需注意训练节奏的控制，避免长时间重复同一节奏的出球。通常采用间歇式训练法，将 15 分钟设为一个训练单元，分为若干小组。每组间休息 30 秒，组合内每两个动作间停顿约 2 秒。根据战术设定，供球速度应尽可能快，但要在学生可接受的范围内，以提升学生的反应速度和适应能力，使他们能在比赛中更好地应对快速击球。

通过这种系统的多球训练，学生的战术执行能力和技术水平将得到有效提升，同时增强心理素质和比赛适应能力，为未来高水平比赛奠定坚实基础。

参考文献

[1] 陈兰芳 . 普通高校体育教学与运动训练互动发展探讨 [J]. 浙江体育科学，
2005(02):52—55.

[2] 丁勇 , 刘帅 . 传统体育中的安全教学研究——评《民族传统体育教学与训练》
[J]. 中国安全科学学报 ,2018(11):190.

[3] 国威 . 移动智能终端在高校体育教学与训练中的运用 [J]. 教育教学论坛，
2023(09):40—43.

[4] 胡朝文 . 高校体育课程中篮球教学的现状及创新——评《篮球教学与训练》
[J]. 科技管理研究 ,2022(23):257.

[5] 黄建伟 . 高校体育教学与训练中思维引导法的应用 [J]. 文体用品与科技，
2019(05):104—105.

[6] 黄玉宁 . 大学生体育教学与训练的多角度研究——评《高校体育教学与运动
训练》[J]. 当代教育科学 ,2015(22):66.

[7] 雷鹏飞 , 赵彤璐 . 高校体育教学中篮球教育的现状及创新——评《篮球教学与
训练》[J]. 林产工业 ,2021(05):128.

[8] 李登云 . 提升高校体育教学与训练质量的策略分析 [J]. 现代职业教育，
2015(06):46.

[9] 李娜 . 高校体育教育训练教学和心理健康教育的融合实践研究 [J]. 体育世界，
2023(11):67—69.

[10] 李淑玲 . 高校体育教学及技能训练探究 [M]. 长春：吉林人民出版社 ,2023.

[11] 李帅许 . 思维引导法在高校体育教学与训练中的实践应用 [J]. 教育理论与实
践 ,2016(09):63—64.

[12] 李响 . 高校体育教学训练水平提升策略与实证 [M]. 北京：北京燕山出版社，
2022.

[13] 李元博 . 体育教学与训练过程中运动损伤原因分析及对策研究 [J]. 当代体育
科技 ,2021(10):59—61.

[14] 林世勇 . 高校体育教学与训练中思维引导法的应用 [J]. 科教导刊 (下
旬),2020(03):137—138.

[15] 刘玉林.论足球运动在高校体育教学与训练中的作用 [J]. 当代体育科技 ,2017(35):83.

[16] 柳峰.关于高校体育教学与训练中练习指导法的作用研究 [J]. 山东农业工程学院学报 ,2020(06):155—156.

[17] 柳峰.基于"比较分析教学法"的高校体育教学与训练分析 [J]. 普洱学院学报 ,2019(05):124—125.

[18] 卢平林.我国高等学校体育教学与训练存在的问题与对策 [J]. 科教导刊 (上旬刊),2015(31):98—99.

[19] 罗俊波.高校体育教育专业排球课程教学与训练研究——评《排球技术教学方法与训练》[J]. 新闻与写作 ,2016(09):136—137.

[20] 罗胜天."比较分析教学法"在高校体育教学与训练中的运用 [J]. 哈尔滨体育学院学报 ,2006(01):44—46.

[21] 吕博.高校体育教学与运动训练互动模式初探 [J]. 运动 ,2016(14):67—68.

[22] 马超.高校体育教学与训练研究 [M]. 长春 : 吉林出版集团股份有限公司 ,2022.

[23] 马健勋.高校体育教学与科学训练 [M]. 北京 : 北京工业大学出版社 ,2023.

[24] 彭达伟 , 刘鸥 , 沈源生.高校体育专业羽毛球专项教学与训练课程改革的研究 [J]. 中国新技术新产品 ,2012(08):240—241.

[25] 彭道秀.高校体育教学与训练中练习指导法的运用探讨 [J]. 大学 ,2021(47):67—69.

[26] 钱隆.基于虚拟现实技术的高校体育教学与训练研究 [J]. 自动化与仪器仪表 ,2017(06):242—243.

[27] 邱妍妍.浅谈新课程下高校体育教学与训练 [J]. 当代体育科技 ,2018(08):21—22.

[28] 王芳.高校运动训练和体育教学的发展策略研究 [M]. 哈尔滨 : 哈尔滨出版社 ,2022.

[29] 王军.普通高校体育专业篮球技术教学与训练中存在的问题及对策 [J]. 四川体育科学 ,2004(01):59—60.

[30] 王丽萍.浅析高校体育教学专业健美操教学与训练 [J]. 当代体育科技 ,2017(20):29—30.

[31] 王体刚.浅论高校体育教学与运动训练的互动模式 [J]. 当代体育科技 ,2021(06):119—121.

[32] 温娇.分析高校体育教学训练中对学生兴趣的培养策略 [J]. 当代体育科技 ,2020(21):65—66.

[33] 吴春磊.探析高校体育教学与心理训练的融合 [J]. 当代体育科技 ,

2013(26):78—79.

[34] 先世友 . 高校体育教学与训练中练习指导法的运用分析 [J]. 陕西教育 (高教),2019(01):39—40.

[35] 辛勤 . 我国高等学校体育教学与训练存在的问题与对策 [J]. 运动 ,2019(06):68—69.

[36] 杨平 . 高校体育教学与训练探析 [J]. 湖南城市学院学报 (自然科学版),2016(03):359—360.

[37] 易强 . 高校体育教学与训练 [J]. 文体用品与科技 ,2014(18):56.

[38] 尹萍 , 荆光辉 . 高校体育教学与训练中练习指导法的重要性 [J]. 体育世界 (学术版), 2011(12):91—93.

[39] 于海 , 张宁宁 , 骆奥 . 高校体育教学与训练实践研究 [M]. 长春 : 吉林人民出版社 ,2021.

[40] 于俊振 . 探究高校体育教学和运动训练的协调发展 [J]. 陕西教育 (高教),2019(02):23—24.

[41] 张高参 . 高校体育教学与训练中练习指导法的重要性 [J]. 当代体育科技 ,2019(18):82.

[42] 张海连 , 王立君 , 耿美厚 , 祁晓红 . 简析足球运动在高校体育教学与训练中的作用 [J]. 运动 ,2018(24):82—83.

[43] 张海连 , 王立君 , 耿美厚 , 朱林林 . 我国高等学校体育教学与训练存在的问题与对策 [J]. 当代体育科技 ,2018(18):71—72.

[44] 张立争 . 高校体育教学加强体能训练的重要性和对策研究 [J]. 北京城市学院学报 ,2019(03):62—66.

[45] 张利 . 高校体育教学与训练现状略论 [J]. 山西财经大学学报 ,2023(S2):154—156.

[46] 张萍 . 现代高校体育教学与运动训练研究 [M]. 哈尔滨 : 哈尔滨出版社 ,2023.

[47] 张绍英 . 在高校体育教学与训练中培养大学生创造性思维的运用研究 [J]. 科技资讯 ,2019(35):127+129.

[48] 张舒畅 . 试论高校体育教学与训练中色彩因素的运用 [J]. 吉林工商学院学报 ,2015(05):121—123.

[49] 张志谦 . 论足球运动在高校体育教学与训练中的作用 [J]. 哈尔滨体育学院学报 ,2004(04):124—126.

[50] 赵嘉宜 , 李广学 . 运动技能迁移规律在高校体育教学与训练中的应用研究 [J]. 科技资讯 ,2016(34):154—155.